오늘부터 나만
행복하기로
했다

오늘부터 나만
행복하기로
했다

노주선 지음

시원
북스

나에게 맞는 나만의 행복을 찾아라

"당신은 행복합니까?"

이 질문에 대한 당신의 대답은 무엇인지 생각해 보시기 바랍니다. 질문을 듣자마자 곧바로 "네! 저는 행복합니다!"라는 대답이 나왔습니까? 아니면, "아니요, 저는 행복하지 않습니다."라는 대답이 나왔습니까? '내가 행복한가?'라고 생각에 잠긴 분도 계실 것이며, '그러고 보니 행복한지에 대해서 생각해 본 적이 한 번도 없네!'라는 것을 이제서야 깨닫게 된 분도 계실 것입니다.

대부분의 사람들은 행복하고 싶고, 행복하려고 나름대로

노력합니다. 다른 사람의 행복을 보면서 나도 행복해지고 싶다는 생각을 하기도 하며, 때로는 내 처지를 비관해 불행하다는 생각에 빠지기도 합니다. '지금 정도면 충분히 행복하지!'라고 여긴다면 오늘 하루 행복을 느끼면서 만족할 수도 있지만, '지금도 행복하지만 더 행복하고 싶다!'라고 생각한다면 완전한 행복이라고 할 수는 없습니다.

그런데 제가 심리상담을 통해 사람들이 행복할 수 있도록 도와주는 과정을 진행하다 보면 문득 깨닫게 되는 생각 하나가 있습니다. 그것은 우리가 행복을 간절히 바라고 원하기는 하지만 그만큼 진지하고 깊이 있게 생각하거나 행복하기 위한 준비를 철저히 하지 않는다는 점입니다. 마치 운동경기에서 금메달을 따고 싶다고 말하면서 그만한 준비와 훈련을 하지 않는 것처럼 말이죠.

이처럼 행복은 무엇이고 내가 어떤 행복을 원하는지도 잘 모른 채 모호하고 허상에 가득한 행복만을 찾아 방황한다면 진정한 행복을 찾기 어렵습니다. 행복의 원리나 과정은 무시한 채 '행복은 내 안에 있다', '항상 긍정적으로 생각하라', '마음의 고통을 버려라', '무조건 웃어라' 등과 같은 유튜브 영상이나 책에서 보았던 단편적이고 피상적인 행복론을 아무런 검증없이 받아들이기도 합니다.

혹은 미디어나 SNS에서 보는 남들의 행복을 무조건 따라 하기도 합니다. 결국 내가 무엇을 원하는지도 모른 채 타인들의 행복을 좇거나 겉으로만 화려한 행복의 허상을 찾아다니는 것은 방황만 더욱 심화시키게 됩니다.

우리가 행복하기 위해서 가장 먼저 해야 할 것은 '찐 행복'이란 무엇이며, 나는 어떤 행복을 원하는지에 대해서 분명히 생각하고 정의 내리는 일입니다. 또한 지금 나는 얼마나 행복한지에 대해서도 진지하게 판단해 보고, 더 행복해지려면 어떻게 노력해야 하는지에 대해서도 생각하고 계획해야 합니다. 만약 행복에 대한 갈망이 심하고 지금 행복하지 못하다고 느낀다면 왜 그런지에 대해 고민해 본 후 내 행복을 가로막는 것들을 하나씩 정리해야만 합니다.

행복을 찾기 위해 이런 과정을 거쳐야 함은 너무도 당연한 이야기입니다. 그런데 우리는 이와 같은 필수적인 활동은 소홀히 한 채 피상적이고 허황된 행복을 찾아 헤매는 방황에 빠지곤 합니다.

이 책은 행복해지고 싶은 분들과 행복을 찾아 방황하는 분들께 나에게 최적화된 행복을 찾는 법을 나누기 위해 썼습니다. 다른 사람의 기준이 아닌 나에게 맞는 행복을 찾아야 합니다. 이 책을 덮을 때는 공허하고 헛된 행복에 대한 환상에서 벗어나 나만의 행복을 찾을 수 있기를 바랍니다.

2024년 8월

노주선

Contents

Part 2
행복을 알아야 행복할 수 있다

Part 4
내 행복을 가로막는 것들

행복에도 준비가 필요하다

나만의 행복을 찾는 여정을 시작하기 전 간단한 질문에 대한 점수를 매겨보고 결과를 확인해 보세요.

1: 전혀 그렇지 않다

2: 그렇지 않다

3: 보통이다/그저 그렇다

4: 그렇다

5: 매우 그렇다

1. 행복에 대한 태도

1) 나의 삶에서 행복은 중요하다.　　　　　1　2　3　4　5

2) 나는 행복하고 싶다.　　　　　　　　　1　2　3　4　5

3) 행복은 나의 마음속에 있다.　　　　　　1　2　3　4　5

2. 행복의 조건

4) 행복하기 위해서는 여러 조건이 갖추어져야 한다.　1　2　3　4　5

5) 행복하기 위해서는 돈이 넉넉해야 한다.　　1　2　3　4　5

6) 외부의 요인으로 어려운 상황에서는
　행복하기 힘들다.　　　　　　　　　　1　2　3　4　5

3. 행복 효능감

7) 나는 행복할 수 있다.　　　　　　　　　1　2　3　4　5

8) 나는 행복을 만들 수 있다.　　　　　　　1　2　3　4　5

9) 나는 행복해질 수 있는 여러 가지 방법을
　알고 있다.　　　　　　　　　　　　　1　2　3　4　5

1. 행복에 대한 태도 점수 합계　　　　　점

2. 행복의 조건 점수 합계　　　　　　　점

3. 행복 효능감 점수 합계　　　　　　　점

· 행복 효능감: 스스로 행복을 만들고 관리하는 능력

문항 점수의 합을 통해 행복에 대한 자신의 태도를 점검해 보세요.

1. 행복에 대한 태도

10점 미만   행복에 대한 진지한 태도가 부족합니다. 이 책을 읽으면서 내가 원하는, 나만의 행복을 찾아보세요.

10~12점   행복에 대한 적절한 태도를 가지고 있습니다. 다만 좀 더 진지하고 적극적인 태도와 자세를 가지고 행복에 대해서 고민한다면 더욱더 본인에게 적합한 나만의 행복을 찾을 수 있습니다.

13~15점   행복에 대한 진지하고 적극적인 태도와 자세를 가지고 있습니다. 현재와 같이 노력한다면 당신만의 행복을 만들어 갈 수 있습니다.

2. 행복의 조건

10점 미만   당신은 나만의 행복을 스스로 만들고자 하는 태도와 자세를 가지고 있습니다.

10~12점   행복을 특정 조건이나 환경적 요소에서 얻고자 하는 '조건적 행복'을 추구하는 경향을 보입니다. 자신이 가지고 있는 '행복을 위한 조건'이 적절한지 생각해 보는 것이 필요합니다.

13~15점   행복을 특정 조건이나 환경적 요소에서 얻고자 하는 '조건적 행복'을 추구하는 경향이 강합니다. 행복을 특정 조건이나 환경 변화에 의존하는 경향이 높기 때문에 스스로 무력감을 느끼거나 행복 요구가 좌절될 위험성이 높습니다.

3. 행복 효능감

10점 미만   행복 효능감이 낮습니다. 행복을 얻는 과정에 대한 자신감
이 없으며, 적극적인 행동 추구 활동을 하기 어려울 수 있
습니다. 이 책을 읽으면서 행복 효능감을 길러보세요.

10~12점   행복 효능감을 가지고 있습니다. 만약 행복하기 위한 자기
관리 능력과 다양한 행복할 수 있는 스킬이나 노하우를 보완
한다면 당신이 원하는 '찐 행복'을 얻을 수 있을 것입니다.

13~15점   행복 효능감이 높습니다. 행복을 대하는 자세가 긍정적이
며, 행복하기 위한 노력과 실행에 집중하는 것이 가능합니
다. 노력과 실행에 의해 스스로 만든 당신만의 행복을 당
당하게 즐기세요.

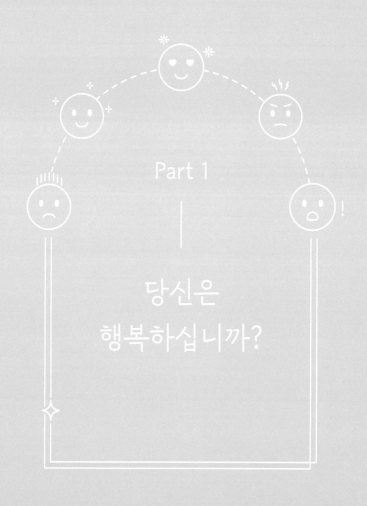

Part 1

당신은
행복하십니까?

진정한 행복과 올바른 행복을 만들어가기 위해 가장 중요한 질문은 '나는 행복한가?'입니다. 이 질문에 제대로 대답하기 위해서는 진정한 행복은 무엇인지를 알아야 하며, 특히 내가 원하는 행복은 무엇인지에 대해서 정확하게 알고 있어야 합니다. 더불어 스스로가 행복한지에 대해 관심을 가지고 자주 생각해 보는 것 또한 필요합니다. 여러분에게 묻습니다. 당신은 행복합니까?

Chapter 1

행복도 성격이다

어느 부부의 전쟁 이야기

다음은 어느 부부의 전쟁 같은 다툼을 재구성한 대화입니다. 이 대화를 읽고 어떤 느낌이 드는지 생각해 보세요.

A: 자기야, 우리 이번 주말에는 어디 놀러 갈까?

B: 이번 주말에는 쉬면 안 될까? 나 이번 주에 일이 너무 많아서 지쳤어.

A: 무슨 얘기야. 지난주에도 자기가 쉬자고 해서 그냥 쉬었잖아. 벌써 몇 주째야? 그동안 자기한테 다 맞춰줬잖아. 근데

또 쉬자고? 자기는 대체 내가 원하는 걸 해주고 싶은 생각은 있어? 어쩜 그렇게 너 하고 싶은 대로만 살려고 해?

B: 미안하기는 한데 그래도 말이 너무 심하잖아. 내가 왜 당신이 원하는 것을 안 해주고 싶겠어, 당연히 해주고 싶지. 다만 요즘 내가 일이 너무 많아서 주중에 너무 힘드니까 주말에 좀 쉬어야겠다는 거지. 그래야 다음 주에 또 일을 할 거 아니야.

A: 그래 너의 일만 중요하지. 네가 뭐 나한테 관심이나 있어? 결혼하면 행복하게 해준다면서? 이게 행복하게 해주는 거야? 하, 내가 속았지 속았어. 이렇게 서로 스타일이 안 맞아서야. 정말 너랑 사는 거 너무 힘들이.

B: 그런데 좀 말이 심한 거 아니야? 속았다고? 너무 힘들다고? 나는 그럼 쉬운 줄 알아? 나도 너 힘들어! 특히, 너 그 말 함부로 하는 거, 그거 좀 고치라고 내가 항상 부탁하잖아! 좀 생각이라는 것을 하고 말하라고. 열 받고 화난다고 그렇게 막말을 하면 돼?

A: 나보고 생각 없이 산다는 거야? 언제는 내 솔직하고 담백한 게 좋다면서? 그래 좋겠다, 너는 생각이 아주 많고 복잡해서. 그 잡생각 나도 질린다 질려. 보고만 있어도 내 마음이 갑갑해지면서 머리가 다 아파. 정말 너처럼 피곤하게 사는 사람은 없을 거야!

B: 그러니까 나보고 잡생각만 하고 피곤하게 사는 사람이라

고 욕하는 거지? 언제는 내가 진지하고 신중해서 좋다면서? 그래 좋겠다, 너는 단순하고 심플하게 살아서. 정말 그하고 싶은 말 다하고 사는 거 나도 질린다 질려. 앞으로도 그렇게 아메바 같이 사세요!

우리는 진정한 행복을 모른다

행복은 모든 사람들의 관심사입니다. 모두들 행복하고 싶어 하며, 행복해지려고 노력합니다. 어떤 순간에는 행복하다고 느끼는 때가 있으며, 불행하다고 느끼는 때도 있습니다. 이런 행복과 불행의 교차 속에서 마음을 다치기도 하고 다친 마음을 회복하기도 합니다.

인터넷에서는 수많은 사람이 행복에 관한 각자의 담론들을 펼칩니다. 서점에 가면 행복과 관련된 수많은 책들을 볼 수 있습니다. 때로는 지나치게 많은 정보들이 넘쳐나기 때문에 오히려 진짜 행복이 무엇인지 혼란스럽기도 합니다. 그런데 가만히 생각해 보면 우리가 정말 행복에 대해서 제대로 알고 있는지 의문이 들 때도 있습니다.

당신은 언제 행복합니까? 과거에 행복하다고 느꼈던 상황은 어떤 상황이었습니까? 혹은 이런 상황이라면 많이 행복할 것 같다고 생각되는 상황을 상상해 보아도 됩니다. 그 상황들에서 당신 혼자였습니까, 아니면 누가 함께 하고 있었습니까? 그때 당신은 어떤 생각과 감정을 느끼고 있었습니까?

워크숍이나 강의를 진행할 때 참가자들에게 순백의 도화지와 크레파스를 주고 "당신의 행복을 그려보세요!"라고 주문하곤 합니다. 이와 같은 다소 엉뚱한 요청에 사람들은 당황하며, 넋 놓고 도화지만을 바라보는 사람도 있고 "뭘 어떻게 해야 하는 건데요?"라고 되묻는 사람도 많습니다. 하지만 시간이 조금 흐르고 나면 각자 크레파스를 들고 자신이 생각하는 행복을 그리기 시작합니다.

처음에는 당황하고 긴장하는 모습에 굳어졌던 표정들이 하얀 도화지에 자신이 생각하고 상상하는 행복 그림을 그려가면서 굳었던 표정이 풀어지며 은은한 미소와 온화함이 차오르는 모습을 쉽게 볼 수 있습니다. 서로의 그림을 들고 설명하고 피드백하는 과정에서는 여기저기에서 웃음과 즐거움이 번져 나가게 됩니다. 그런데 희한한 것은 지금까지 수백 명 또는 수천 명, 혹은 수만 명의 그림을 보아 왔지만 그중 똑같은 그림은 하나도 없었으며 사람마다 아주 다른 행복을 그렸습니다.

사람마다 행복의 색깔이 다르다

만약 당신에게 하얀 도화지를 주면서 행복을 그려보라고 한다면 어떤 그림을 그리겠습니까? 만약 당신과 당신에게 소중한 주변 사람들이 함께 그린다면, 각자 어떤 그림을 그릴까요? 당신의 가족이나 친구, 또는 직장동료의 행복 그림을 상상해 볼 수 있을까요? 분명한 것은 그 어느 누구도 당신과 똑같은 행복 그림을 그리는 사람은 없을 것입니다!

아마도 어떤 사람은 사람을 그렸을 것이며, 그중에서도 한 사람을 그리는 사람도 있는 반면 여러 사람들이 어울리는 그림을 그릴 수도 있습니다. 또한 어떤 사람은 다양한 색깔을 사용해 보기에도 화려하고 다채로운 그림을 그렸을 것이며, 다른 사람은 두세 가지의 색만으로 그림을 그렸을 수도 있고 누군가는 아예 검정색 한 가지만 사용해서 그렸을 수도 있습니다. 형태나 구성 차원에서 보면 여러 가지 요소들을 그려서 결국 도화지에 꽉 차게 그림을 그리는 사람이 있는가 하면 가운데 혹은 한쪽 구석에 한두 가지 요소만을 그리는 경우도 있을 수 있습니다. 이와 같은 다양한 차원들을 종합해서 완성된 그림을 보면, 따뜻하고 온화한 느낌이 드는 그림이 있을 수도 있으며, 왠지 성공이나 성취의 느낌이 드는 그림이 있을 수도 있습니다.

분명 요청 사항은 "당신의 행복을 그려보세요"라는 단순한 것이었는데도 불구하고 그 결과는 천차만별이며, 아주 다른 내용과 느낌의 그림들이 그려질 것입니다. 이렇듯 우리가 바라고 꿈꾸는 행복의 모습은 다 다릅니다. 다만 우리가 그것을 깨닫지 못하고 있을 뿐입니다.

사람들이 추구하는 행복이 모두 다른데, 그 차이를 설명하는 가장 설명력 높은 변인은 바로 성격입니다. 성격은 우리의 전반적인 심리적 구조를 말하는 것으로써, 성격에 따라 다른 형태의 행복을 원하고 추구합니다. 다양한 성격, 또는 성격 유형에 따라 원하고 희망하는 행복이 다르며, 스트레스를 받고 긴장하게 되어 행복감을 덜 느끼게 되는 상황도 다릅니다.

그렇다면 당신의 성격은 어떻습니까? 본격적인 내용에 들어가기 전 간단하게 여러분들의 성격을 평가하기 위한 간단한 테스트를 해보도록 하겠습니다.

다음 질문들을 읽고 본인의 성향에 맞는 답을 선택해 보세요.

 1. 당신은 어떤 상황을 더 선호하나요?

 1) 나의 인간관계는

   A 다양한 사람들과 함께 어울리는 편이다.

   B 소수의 친밀한 사람들과 어울리는 편이다.

 2) 내가 좋아하는 분위기는

   A 흥겹고 유쾌한 분위기다.

   B 조용하고 차분한 분위기다.

 3) 나는 속마음을

   A 쉽게 표현하거나 털어놓는 편이다.

   B 쉽게 표현하거나 털어놓지 않는 편이다.

2. 당신은 어떤 사람에 가까운가요?

1) 나는 대체로

　A 합리적이고 논리적이다.

　B 온화하며 감성적이다.

2) 나는 친구가 어려움을 상의하면

　A 상황을 분석해 문제를 해결해 주려고 한다.

　B 어려움을 공감하고 지지해 주려고 한다.

3) 내가 마음이 편안한 상황은

　A 상황이 이해되고 납득이 되는 것이다.

　B 마음이 평화롭고 긴장감이 없는 것이다.

　1번 질문에 대한 답변으로 A가 많다면 외향형(E, Extraversion)일 가능성이 높고, B가 많다면 내향형(I, Introversion)일 가능성이 높습니다.

　2번 질문에 대한 답변으로 A가 많다면 사고형(T, Thinking)일 가능성이 높고, B가 많다면 감정형(F, Feeling)일 가능성이 높습니다.

　이제 외향형과 내향형의 행복을 알아볼까요?

활동하며 행복을 느끼는 사람(외향형)
vs 멈추어 행복을 느끼는 사람(내향형)

성격에 따라 서로 다른 행복을 원하고, 행복을 추구하는 방법도 다릅니다. 그중 대표적인 차이는 외향형 성격의 '행복'과 내향형 성격의 '행복'입니다. 외향형 성격은 다양한 활동과 사람들과의 교류 과정에서 행복과 즐거움을 느끼는 반면에 내향형은 조용하고 차분한 정적인 상태에서 행복을 느끼는 경향을 보입니다. 외향형 성격은 사람들과 교류 과정에서 심리적인 상처를 받거나 스트레스도 많이 받게 되며, 내향형은 사람들과 교류하거나 활동을 너무 많이 하게 되면 에너지를 모두 소진하게 되어 심리적인 피로감이 커지게 됩니다.

외향형 성격과 내향형 성격을 구분하는 핵심적인 원리는 '심리적인 에너지의 방향과 심리적 주의 및 관심의 방향이 어디로 향하는가?'입니다. 외향형은 심리적 에너지의 방향과 심리적 주의 및 관심의 방향이 '나 자신의 외부'로 향해 있는 반면 내향형은 그 방향이 '나 자신의 내부'로 향해 있습니다.

심리적 에너지의 방향과 주의, 관심의 방향이 나 자신의 외부로 향해 있다는 것은 내적인 심리 세계보다는 외부 환경과의 교류에서 만족감과 즐거움을 얻는다는 의미입니다. 따라서 외향형의 심리적 만족과 즐거움은 주로 다른 사람들과의 관계 및 교류에서 얻게 되며, 다양한 활동을 선호합니다. 그래서 외향형들은 다양한 사람들과 어울려 다양한 활동을 하고자 하며, 새로운 사람들을 만나거나 그들과 의미 있는 교류를 늘리고자 합니다. 그 과정에서 외향형은 행복과 만족감을 얻기도 하지만 스트레스를 경험하거나 좌절이나 실망을 겪기도 합니다.

　반면에 심리적 에너지의 방향과 주의, 관심의 방향이 나 자신의 내부로 향해 있다는 것은 환경과의 교류보다는 내적인 심리 세계 안에서 즐거움과 만족을 얻는다는 의미입니다. 따라서 내향형의 심리적 만족과 즐거움은 주로 내적 사고와 감정의 내용 또는 처리 과정에서 경험합니다. 그래서 내적 사고와 감정에 집중할 수 있는 본인만의 시간을 가져야만 하며, 충분한 시간과 여유를 가지고 자신의 심리적 세계에 집중하고 정리하고자 합니다. 그 과정에서 내향형은 심리적인 평화와 안정을 얻기도 하지만 너무 깊은 생각이나 부정적 또는 문제 중심적으로 생각해 주관적인 심리적 불편감이 커져 오히려 내적인 행복과 만족감이 떨어지기도 합니다.

납득하고 이해하는 행복(사고형) vs 가슴으로 느끼는 행복(감정형)

성격에 따른 또 다른 차이는 사고형 성격의 '행복'과 감정형 성격의 '행복'입니다. 사고형 성격은 상황에 대한 이해나 논리적으로 납득이 될 때 심리적인 부조화가 없이 내적인 편안함과 행복을 얻으며, 감정형 성격은 긍정적인 감정 상태일 때 행복을 느낍니다. 사고형 성격은 이해가 되지 않는 이슈를 만나거나 자신의 내적 기준과 원칙에 기반해서 분석해 볼 때 납득이 되지 않는 상황에서 심리적 불편함을 느끼는 반면 감정형 성격은 어떤 이유건 간에 부정적이고 불편한 감정이 느껴질 때 행복감이 감소합니다.

사고형 성격과 감정형 성격을 구분하는 핵심적인 원리는

세상을 살아가는 데 있어서 '판단과 결정'을 하는 방식입니다. 사고형 성격은 자신의 내적 원칙과 기준에 근거한 논리와 합리에 근거해 세상사를 판단하고 대처합니다. 그래서 자신이 처한 상황에서 이루어지는 대부분의 일들에 대해서 "왜?"라는 의문을 가지고 명쾌하게 이해하고 납득하고자 합니다.

그런데 세상을 이해하거나 판단하는 기준 자체는 자신이 생각하는 내적 기준입니다. 이로 인해 자신이 기준을 가지고 있지 못하거나 경험하지 못해 충분한 정보를 가지지 못하고 있는 경우, 자신의 기준과 다른 타인과 원칙이나 기준 상에서의 부딪치게 되는 경우가 종종 발생하게 됩니다. 이와 같은 경우 대인관계 상의 갈등이 일어나게 되며, 만약 그 대상이 상사라면 이해가 되지 않고 납득되지 않음에도 불구하고 참아야 하는 경우도 발생하게 됩니다.

반면 감정형 성격은 여기 & 지금(here & now) 상황과 상태에서의 주관적 경험 자체를 중시합니다. 그래서 주관적 경험이나 감정 상태, 혹은 지금의 생각에 기초해 판단하고 결정합니다. 이로 인해 같은 외적 상황이라도 관계된 사람이 다르거나, 나의 기분이나 감정 상태가 다르다면 다른 결론을 내릴 수가 있습니다. 중요한 원칙은 '좋은 게 좋은 거지!'이며, 갈등이나 문제가 일어나지 않고 긍정적인 감정을 느낄 수 있는 방향으로 생각하고 행동합니다. 더불어 내적인 감정 상태에 민감하기 때문에 긍정적인 감정도 잘 경험하지만 부정적인 감정도 잘 경험해 소위 상처를 잘 받는 성격이기도 합니다.

행복의 4인 4색
: 외향형, 내향형, 사고형, 감정형

그런데 사람의 행동은 성격의 다양한 차원들이 복합적으로 반영되어 나타나는 결과입니다. 단순하게 외향형 성격과 내향형 성격, 그리고 사고형 성격과 감정형 성격 등 하나의 차원이 아닙니다. 외향형 성격과 내향형 성격의 경우에도 각각 사고형 성격과 감정형 성격으로 나눌 수 있으며, 외향과 내향 및 사고와 감정의 조합을 통해 보다 정교하게 분석할 수 있습니다. 이처럼 외향과 내향, 그리고 감정과 사고의 성격차원들을 통합하면 1) 외향형 성격이면서 사고형 성격, 2) 외향형 성격이면서 감정형 성격, 3) 내향형 성격이면서 사고형 성격, 4) 내향형 성격이면서 감정형 성격 등 4가지 차원으로 구분할 수 있습니다.

1) 외향형(E) & 사고형(T): 진취적 행동주의자

외향적 사고형 성격의 사람은 목표를 설정하고 이를 달성하기 위해 노력하는 성과중심적인 행동가입니다. 이들은 적극적인 활동과 추진력을 통해 자신이 추구하는 목표를 달성해 유익하고 가치 있는 성과나 결과를 만들어 냈을 때의 성취감을 중시합니다. 이와 같은 과정과 결과는 스스로에 대한 긍정적 자기 인식과 자기 존중감의 근원이 되며, 타인들이 이를 인정하고 알아주는 상황에서 가장 큰 행복감과 성취감을 느낍니다. 반면 적극적인 활동을 하지 못하거나, 열심히 했음에도 불구하고 뚜렷한 성과가 없거나, 자신의 성과를 남들이 충분히 인정해 주지 않는 경우 심리적 불편감과 스트레스를 경험합니다.

2) 외향형(E) & 감정형(F): 조화로운 오케스트라 지휘자

외향적 감정형 성격의 사람은 많은 사람들이 서로 조화와 협력을 하면서 함께 어울리도록 하는 데 주도적인 역할을 담당하고자 하는 오케스트라의 지휘자와 같은 사람입니다. 모든 사람들이 서로 애정하고 아끼는 마음을 가지는 분위기를 조성하는 것 이상으로 상처를 받거나 힘든 사람이 없기를 바랍니다. 이를 위해서 기꺼이 스스로를 헌신하며 모두의 마음을 챙기고 돌보고자 하는 '왕언니' 내지는 '교회 오빠'와 같은 역할을 합니다. 그래서 모든 사람들이 서로 화합하고 조화를 이루며 서로 지지하고 협력하는 모습에 감동과 만족을 느끼며 최고의 행복감을 느끼게 됩니다. 다만 그 과정에서 너무 많은 상처나 스트레스를 받을 위험성이 높고, 이와 같은 조화로운 모두의 만족과 행복에 기여한 자신의 역할을 알아주지 않는다면 많이 서운해할 수 있습니다.

3) 내향형(I) & 사고형(T): 합리적이고 논리적인 사색가

내향적 사고형 성격의 사람은 오랜 기간 동안 체계적으로 정교화해 온 자신만의 엄격한 내적 기준과 원칙을 보유하고 있으며, 이에 기반해 세상을 관조하는 사색가입니다. 내적 논리와 원칙은 상당히 정교하고 치밀하며 자신이 경험해 왔던 일들을 체계적으로 이해하고 납득하기 위한 정교한 프로그램 같은 사고 체계를 구성하고자 합니다. 그래서 세상 돌아가는 원리나 나 자신의 행동 방식이 내적인 불일치나 부조화가 없이 잘 이해되고 납득되는 순간 마음의 평화와 안정이 찾아옵니다. 반면 새로운 상황이나 이슈가 발생하는데 내적인 논리와 합리로 설명하기 어렵거나 납득이나 이해가 되지 않는 경우 내적 불편감이 깊어지며, 그 해답을 찾고자 다시금 사색의 길로 들어섭니다.

4) 내향형(I) & 감정형(F): 잔잔한 호수 같은 평화주의자

내향적 감정형 성격의 사람은 '지금 & 현재' 기준 주관적으로 느끼는 마음 상태가 너무 강하지 않고, 쾌적한 훈풍이 부는 조용하고 잔잔한 호수와 같은 상태를 추구하는 평화주의자입니다. 자신의 내적 감정 상태에 민감하며, 사소한 변화도 예민하게 느끼는 사람들로서 자신의 정서적 상태가 부정적인 감정이나 불편함이 없이 강하고 자극적이지 않은 약간의 긍정적인 심리 상태를 선호합니다. 이를 위해 혼자 또는 소수의 사람들과 과하지 않은 소통과 교류를 기반으로 합니다. 그 결과 주관적으로 느끼는 마음 상태가 약간의 훈풍이 부는 조용하고 잔잔한 호수와 같은 상태일 때 가장 행복감을 느낍니다. 긴장감이나 스트레스는 이들이 추구하는 마음의 평화를 깨버리는 주범입니다. 많은 활동이나 바쁜 일정 등도 내 마음 상태에 대해 집중하고 평화로움을 즐기지 못하게 하는 가장 큰 방해요인입니다.

이처럼 사람들이 느끼는 행복감은 그 속성이나 과정이 다다릅니다. 지금은 편의상 외향과 내향, 그리고 사고와 감정 등 2가지 차원의 조합을 통해서 4가지 유형으로 구분했으나 훨씬 더 다양한 방법들이 있습니다. 대표적인 것이 감각과 직관, 자율과 인식 등 2가지 차원을 더해 총 4가지 차원을 조합해 16가지 성격 유형으로 구분하는 MBTI 구분법입니다. 강-외향과 약-외향 등 각 차원에서의 강한 정도까지 반영한다면 수백, 수천 가지 유형이 나올 수 있습니다.

행복에는 정답이 없다

　이처럼 모든 사람들은 각자 자신이 추구하는 고유한 행복의 내용과 과정을 가지고 있습니다. 그리고 이와 같은 행복의 내용과 과정에는 정답이 없으며, 본인이 바라고 원하는 대로 접근해서 궁극적인 행복감을 느끼면 됩니다. 타인의 방법에 대해서 궁금해할 이유도 없으며, 따라 할 필요도 없습니다. 본인의 성향에 맞는 본인만의 방법을 개발하면 됩니다.

　그런데 문제는 다른 사람들과 함께 있을 때 발생합니다. 특히 부부나 연인, 가족 등과 같이 정서적으로 밀접하게 연계되어 있는 관계라든가, 아니면 직장 내 관계 등과 같이 이익을 추구하기 위한 목적적 관계인 경우에는 서로의 행복 추구 방향이나 내용이 다를 수 있습니다. 각자의 행복을 각자 추구한다면 문제가 없으나 '함께' 생활하거나 혹은 '함께' 행복을 나누려고 할 때 문제가 될 수 있습니다. 이 챕터의 초반에 제시된 사례와 같이 아무리 사랑해서 결혼한 부부라고 해도 추구하는 행동의 내용과 과정이 다를 수 있으며, 이는 관계상 갈등이나 대립의 원인으로 작용하게 됩니다.

즉, 혼자서 개인적으로 행복을 추구하는 데 있어서는 본인의 행복 스타일을 이해하고 그에 맞춘 자신만의 행복을 만들어가면 됩니다. 하지만 밀접한 관계이기 때문에 '함께' 행복을 만들어가야 하거나 혹은 '함께' 나누고 싶은 사람이 있다면 그 사람이 추구하는 행복의 내용과 과정에 대해서 관심을 가지고 조율해야 합니다. 만약 이와 같이 각자의 행복 내용과 과정을 조율하고자 노력하지 않고, 상대방이 나의 행복 내용과 과정에 무조건 따르도록 요구하거나 심지어 강요한다면 마음의 평화와 안정은 쉽게 깨질 것입니다.

정리해서 말씀드리자면 행복에는 정답이 없습니다. 보다 정확히 정리하면 각자에게 맞는 행복이 있고 각자의 정답이 있는 것입니다. 이와 같은 관점에서 보면 다른 사람의 행복은 인정하고 존중하되, 내가 행복해지기 위해서 꼭 다른 사람의 방법을 따라야 하는 것은 아닙니다. "아하! 너의 행복은 그렇구나! 나의 행복을 설명하자면…." 등과 같은 태도로 행복에 있어서도 각자의 다름을 인정하고 서로 존중하는 것이 정답입니다.

그런데 더불어 살아가야 하는 것이 이 세상의 당연한 섭리이기 때문에 '나만의 행복'을 추구할 때는 자신에게 맞는 행복법을 만들어서 실행하면 되지만 소중한 다른 사람들과 함께 행복하고 싶다면 우리만의 행복법을 고민하고 조율하는 것이 필요합니다. 이와 같은 노력을 통해서 우리만의 행복법을 합의했다면 그 또한 무조건 정답입니다. 나만의 행복을 상대방에게 강요하거나 일방적으로 요구하고자 하는 자기 중심적이고 이기적인 마음은 '함께' 행복하지 못하게 하는 가장 큰 적입니다.

Chapter 2

행복을 찾아
방황하는 현대인들

물질적 풍요가 마음의 빈곤을 가져온다

많은 사람은 '이전보다 훨씬 살기 좋아졌고, 풍족하고 여유로운 환경이 되었는데도 왜 우리는 행복하지 않을까?'라는 의문을 가집니다. 심지어는 행복하지 않은 정도가 아니라 우울증이 만연하고 정신적인 문제를 호소하는 사람이 늘어만 가고 있습니다. 물질적으로는 풍요롭고 부족함 없는 세상이 왔는데, 왜 마음의 빈곤과 황폐화는 더 심해지는 것일까요?

예전에 우리나라는 국가도 개인도 가난하고 힘들었던 시기가 있었습니다. 의식주를 걱정해야 했고, 치열하게 열심히 노력하지 않으면 지금의 어려움을 극복할 수 없다는 절박함을 가지고 살아야 했습니다. 그리고 국가적으로나 개인적으로 '잘 살아보세!'라는 목표를 세웠으며, 자신에게 주어진 상황에서 열심히 노력하면서 하나씩 목표를 이루어 나갔습니다.

그 결과 이제는 사회적으로나 개인적으로 물질적인 풍요가 이루어졌습니다. 의식주 자체의 문제는 거의 해결되어 걱정거리도 아닌 경우가 대부분입니다. 생활 환경도 많이 개선되어, 이제는 고층 빌딩과 아파트가 즐비하고 깨끗하고 편리하며 안락한 환경 속에서 살고 있습니다. 겉으로만 보면 기본적인 의식주는 해결되고 삶의 질을 고려할 정도로 좋아진 상황에서는 당연히 더 행복해야만 할 것 같습니다. 특히 예전과 같이 어려운 시기와 비교해 본다면 지금이 당연히 훨씬 더 행복하고 풍요로운 마음을 가지고 살 수 있을 것이라 기대하게 됩니다.

그런데 현대인들은 그리 행복해 보이지 않습니다. 오히려 예전에는 먹고사는 문제를 해결하고자 하는 목표와 희망이 있었고, 그것을 이루기 위한 과정과 그 결과에 대한 성취감이 있었습니다. 그러나 모두가 바라던 목표를 달성한 지금, 오히려 수많은 심리적 문제나 불필요한 사회적 혐오가 증가하는 등 마음의 고통과 방황이 커지고 있습니다.

이와 같은 현상은 단순한 물질적인 풍요와 안정하고 쾌적한 환경 자체가 행복을 가져오지 않는다는 것을 의미합니다. 어떤 사람은 '10억만 가지고 있어도 너무 행복할 텐데…'라고 생각하며 '100억짜리 건물을 가지고 있으면 걱정거리는 하나도 없으며 무조건 행복할 것 같다!'라고 착각하기도 합니다. 그런데 같은 돈을 가지고 같은 환경에서 살아도 어떤 사람은 더할 나위 없는 행복감을 느끼지만 누군가는 행복을 찾기 위한 방황을 멈추지 못하기도 합니다.

진정한 행복이 무엇인지, 그리고 내가 정말 원하는, 나에게 맞는 행복을 정확하게 알지 못한다면 행복을 찾기 위한 혼란과 방황은 끝나지 않습니다. 그래서 결국 '행복은 무엇일까?'라는 근원적인 질문으로 다시 회귀하게 됩니다.

SNS가 우리의 행복을 망친다

우리가 현재에 만족하지 못하고 행복감을 느끼지 못하게 하는 이유들이 있습니다. 특히 현대인들에게 행복의 결핍을 느끼게 만드는 여러 가지 이유 중 하나는 'SNS'입니다. SNS가 우리의 마음에 미치는 영향이 무엇인지를 가만히 들여다보면 우리가 현재 삶에 만족하지 못하고 행복하지 못한 이유들을 파악할 수 있습니다.

인스타그램을 비롯한 SNS에는 많은 사람의 화려한 삶이 넘쳐납니다. 멋진 식당에 보기에도 멋스러운 먹거리, 화려한 명품 옷과 장신구로 치장한 당당한 모습의 사람들, 몇 년 동안 돈을 하나도 안 쓰고 모아도 살 수 없는 값비싼 슈퍼카들, 그리고 업로드하는 사진들에 남기는 과시욕과 비교를 유발하는 멘트들까지. SNS에는 사실을 검증할 수도 없는 단편적이고 자극적인 메시지들이 쉴 새 없이 올라옵니다.

온라인과 SNS는 이미 우리 삶의 중요한 부분으로 자리잡았으며, 우리는 이를 통해 세상을 보고 받아들입니다. 타인들과 더불어 살면서 직접 경험하던 과거와는 달리 더 쉽게,

더 많은 세상을 알려주는 온라인 매체를 통해 간접 경험을 하게 됩니다. 간접 경험에 익숙해지고 길들여질수록 우리는 온라인에서 보는 모습을 진짜 리얼리티라고 착각하게 됩니다. 눈에 보이는 화려한 것들 이면에 무엇이 숨어 있을지에 대해서는 생각조차 안 하게 되며, SNS에 보이는 것이 '찐 세상'이고 '찐 현실'이라는 착각을 키워갑니다.

이를 '찐 현실'이라고 착각하는 순간 SNS에서 보던 화려한 삶과 비교되는 우리의 삶은 왠지 초라하고 볼품없게 느껴질 위험성이 높아집니다. 별 문제없이 만족하고 살았던 나의 삶은 SNS에서나 존재하는 화려한 모습과 비교하는 순간 그동안은 없었던 마음의 빈곤과 어두움이 생깁니다.

SNS에 보이는 화려한 세상은 현실의 전부는 아니며, 그 이면에는 남들에게는 보이지 않는 어두움과 적어도 평범함들이 존재합니다. 때로는 내면의 어둠이나 부족함을 숨기고 방어하기 위해 지나치게 과장하거나 왜곡해서 표현하는 잘못된 콘텐츠들도 많습니다. 만약 이와 같은 객관적이고 건강한 비판적 관점을 가지지 못한다면 우리는 SNS에 드러난 단편적이고 편향된 모습에 낚이게 됩니다.

이런 과정을 통해 우리는 현재의 만족과 행복의 소중함에 만족하지 못하고 SNS에 등장하는 허상에 빠져 불행의 굴레에 빠져들게 됩니다. 다른 사람들과의 비교는 현재의 행복과 만족을 초라하게 만들며, 헛되고 불필요한 갈망과 불만족만 커지게 합니다. 그 결과 현재 삶에 대한 만족과 행복감은 사라지고 왠지 모를 부족함과 공허함의 굴레에 빠지도록 합니다.

행복 강박증에 사로잡히다

게다가 SNS의 화려한 삶은 어느샌가 우리 삶의 표준이 되고 목표가 됩니다. SNS에 보이는 화려한 삶을 살고 싶어지는 것은 당연할 뿐 아니라 그 정도 수준은 되어야만 행복한 것이라는 잘못된 신념을 가지게 됩니다.

중고등학생들도 명품 지갑 하나는 가지고 있어야 할 것 같으며, 누군가 한턱을 낸다고 하면 수십만 원의 오마카세 정도는 되어야 만족할 수 있게 됩니다. 일년에 한 번 이상은 해

외여행을 가야만 만족스러운 삶을 유지하는 것 같이 느끼고, 인스타그램에 여행 게시물을 올리려면 비행기 비즈니스석 정도는 되어야 셀카를 찍기도 합니다. 결혼이라도 하려면 유튜브에서 보았던 감동적인 프로포즈는 기본이요, 인스타그램용 호텔 결혼식과 화려한 피로연에 엄청난 비용을 지불합니다.

온라인에서 보는 타인들의 화려한 삶은 우리의 평범한 삶이 평범한 것으로 느껴지지 않도록 만듭니다. 그리고 SNS에서의 화려한 겉치레의 행복을 좇아 방황하도록 만듭니다. 일상, 직장, 사랑과 연애, 그리고 결혼 등 모든 면에서 SNS에 보이는 수준에 이르러야만 한다는 행복 강박증을 가지게 합니다. 이는 소박한 행복의 가치를 떨어트리며 '적어도 이 정도는 되어야 행복한 거지!'라는 행복에 대한 기대수준을 지나치게 높여버리는 부작용을 낳았습니다.

살면서 항상 좋은 일만 있을 수는 없습니다. 때로는 좌절과 스트레스, 그리고 실패를 경험할 수도 있습니다. 그런데 온라인에서는 실패한 사람이나 그들의 뼈저린 아픔은 찾기 힘들며, 성공한 듯 보이는 사람들과 그들의 과시가 넘쳐납니다. SNS는 일상적인 스트레스나 고난, 또는 좌절이나 갈등은 곧 불행의 지표로 해석되게 만들었습니다. 그 결과 사람들은 온라인과 SNS에서 보이는 세상과 같이 '항상' 즐겁고 '항상' 화려한 삶을 원하게 되었으며, 이와 같은 삶이 '항상' 지속되기를 바라는 잘못된 습관이 생기게 됩니다.

어느새 우리는 핸드폰만 열면 보이는 편향된 세상의 모습에 따른 행복에 대한 비현실적인 기준과 원칙을 가지게 되었습니다. 그뿐만 아니라 SNS와 같이 어두움은 없이 항상 행복하고 힘든 일이 전혀 없는 세상을 바라게 됩니다. 현실에서는 불가능할 수밖에 없는 비현실적인 행동에 대한 기준과 조금의 틈도 없이 항상 행복해야만 할 것 같은 행복 강박증에 빠지게 되는 것입니다.

보편적 행복이 아닌 나만의 행복에 집중하라

남들과의 비교를 통한 과장되고 화려함의 유혹에 빠진다면 진정한 행복을 찾기 어렵습니다. 온라인에서 보이는 행복의 허상을 따라다니다 보면 내 마음은 더욱 공허해지고 나만의 행복은 점차 멀어질 것입니다. 남들에게 보이는 보편적이고 일반적인 행동이 아닌 나의 성향과 요구에 맞춘 나만의 행복을 찾기 위한 노력에 집중할 필요가 있습니다.

이제 보편적이고 일반적인 헛된 행복을 찾는 방황을 끝내고, 나만의 행복을 찾기 위한 여정을 시작합니다. 나만의 행복이 무엇인지를 발견하고 노력에 집중해 어느새 나만의 행복을 만들어가고 있는 자신의 모습을 발견할 수 있기를 바랍니다.

행복은 온라인에 있지 않으며 우리의 삶 속에 있습니다. 행복은 SNS에 올리는 것이 아니라 마음으로 느끼는 것입니다. 남들이 꾸며놓은 공허한 행복과 만족에 초점을 두지 말아야 합니다. 남들에게 보이는 꾸며진 행복과 만족에 집중하지 말아야 합니다. 행복은 누구에게나 똑같은 모습이 아니며 사람마다 그 생김새가 다릅니다. 행복은 남이 주는 것이 아니라 자기 스스로 만들어 가는 것입니다.

Chapter 3

나의 마음 살피기

우리는 가장 중요한 안녕을 놓치고 있다

아침 출근길에 가까운 지인들을 만나면 서로에게 안부 인
사를 건넵니다.

"수빈 님, 안녕하세요?"

"네~ 철수 님도 안녕하세요? 좋은 하루 보내세요~"

이처럼 우리는 '안녕'이라는 말로 서로의 안부와 상태를 확
인합니다. 누군가는 이를 겉치레라고 하며 형식적인 행위라
고 하지만, 과연 그렇기만 할까요?

어떤 날은 여느 날과는 달리 "안녕하세요?"라는 인사에 전혀 안녕하지 못한 표정과 태도로 "네… 안녕하세요…."라는 힘없는 대답이 돌아오기도 합니다. 그런 경우 '어? 무슨 일이지? 수빈 님이 무슨 일이 있나?' 하고 걱정을 하게 됩니다. 만약 좀 더 가까운 사이라면, "왜 그래, 수빈 님? 무슨 일 있어?"라고 걱정을 직접 표현하며, "왜 왜 왜? 무슨 일 있어요? 얼굴이 안 좋네…."라고 걱정하는 마음을 전하며 위로하거나, "내가 뭐라도 도와줄까?"라는 도움과 지지의 손길을 보내기도 합니다.

어찌 보면 서로의 '안녕'을 묻는 행동이 형식적이고 별 의미가 없어 보일 수도 있습니다. 하지만 상대방이 나에게 중요한 사람이어서 항상 행복하기를 바라는 마음이 크다면 어떨까요? 매일 또는 자주 서로의 '안녕'을 확인하는 과정은 아주 중요하고 의미 있는 일일 것입니다. 만약 상대방이 '안녕'하다면 안심하고 같이 즐거워하면 되지만, 혹시라도 '안녕'하지 못한다면 그 사람의 '안녕'을 위해서 최선을 다하게 될 것입니다.

그런데 우리는 가장 중요하고 소중한 '안녕'을 놓치고 있습니다. 바로 나 자신의 '안녕'입니다. 내가 '안녕'하다면 아마도 오늘 하루가 잘 풀릴 것이며 다른 사람들을 돕고 즐겁게 해줄 수 있을 것입니다. 그런데 나 자신이 안녕하지 못하다면 나조차 오늘 하루를 버티기 힘들고, 다른 사람들을 대할 때도 짜증이나 화가 앞설 수밖에 없습니다. 그래서 우리는 항상 스스로에게 질문할 필요가 있습니다.

"오늘 나의 마음, 안녕한가?"

내 마음의 안녕을 확인해야 한다

　모두가 행복하기를 원합니다. 나 자신은 물론 나에게 소중한 사람들, 나와 함께 일하고 생활하는 모든 사람들이 행복하기를 바랍니다. 그리고 많은 사람들은 어떻게 해야 행복할 수 있는지에 대해서 궁금해합니다. 행복에 이르는 비법을 찾기 위해 수많은 책을 읽고 강연을 들으며 엄청난 노력을 기울입니다.

　그런데 행복이란 생각보다 아주 크고 거창한 일은 아닙니다. 어느 날 갑자기 오는 것도 아니며, 엄청나게 많은 돈을 벌어야만 생기는 것도 아닙니다. 주변의 물리적 환경이 좋다고 행복해지는 것도 아닙니다. 행복은 다분히 심리적인 요소이며, 정서적 속성이 강한 감정의 한 종류입니다.

그리고 행복을 경험하는 주체도 '나 자신'이며, 행복을 만들어가는 주체도 '나 자신'입니다. 즉, 행복을 만들기 위해서 가장 중요한 요소이자, 행복으로 인한 최대 수혜자 모두 다른 누구도 아닌 '나 자신'입니다. 그래서 행복을 얻기 위해 가장 필요한 전제는 나의 마음을 건강하고 안정된 상태로 관리하고 유지하는 것입니다. 건물을 짓기 위해서 안정되고 튼튼한 기초공사가 이루어져야 하는 것처럼 나 자신의 삶과 마음의 기초가 안정되고 건강해야 합니다.

이를 위해서 가장 필요한 것은 바로 '오늘 하루, 나의 안녕'입니다. 나의 마음속에 하루하루의 안녕들이 차곡차곡 모여 건강한 마음을 만드는 것이 모든 행복을 이루는 시작입니다. 김연아 선수나 손흥민 선수 같은 세계적인 운동선수가 되기 위해서는 기초 체력부터 관리해야 하는 것처럼 우리는 기본적인 나의 마음 상태를 건강하게 만들어야 합니다. 내 마음을 건강하고 안정되게 만드는 첫 걸음은 바로 오늘 또는 지금 '내 마음의 안녕'을 확인하는 것입니다.

나의 마음을 관리해야 한다

"오늘 당신의 기분은 어떻습니까?"라는 질문에 대한 당신의 답은 무엇입니까? "오늘 아주 기분이 좋습니다! 아침부터 왠지 콧노래가 나오네요."입니까? 아니면, "오늘 기분이 왠지 별로네. 잠을 잘 못 자서 그런가, 아침에 전철에서 사람들한테 너무 치여서 그런가, 왠지 축 처지고 자꾸 짜증이 나네…."입니까? 혹은 "기분이요? 글쎄, 잘 모르겠는데요. 좋은가? 나쁜가? 그런 생각을 잘 안 해봐서…."라고 대답하는 사람도 있을 것입니다.

몸을 많이 사용하는 운동선수에게 "김 선수! 오늘 몸 상태가 어때요?"라고 묻는다면 어떤 대답이 나와야 할까요? "오늘 몸 컨디션이 아주 좋습니다!" 혹은 "오늘 영 몸이 안 좋습니다. 계속 허리가 욱신거리는 게 며칠째 안 좋습니다!"라고 대답할 수 있어야만 합니다. 자신의 몸 상태를 평가해 본 결과에 따라 평상시와 다름없이 운동을 하거나 운동 중에 상당히 주의를 기울여 부상을 방지하려고 노력하는 선택을 할 수 있습니다.

분명한 것은 몸 상태가 어떤가 하는 질문에 "글쎄요, 잘 모르겠는데요. 오늘 몸 상태가 좋은가? 그런 거 생각 안 해봐서요!"라고 대답하는 선수는 문제가 있다는 것입니다. 왜냐하면 몸을 주로 사용하는 운동선수가 자신의 몸 상태를 파악하고 관리하지 않는 것은 좋은 결과를 만들기 위한 기본적이고 필수적인 활동 자체를 하지 않는다는 뜻이기 때문입니다. 운동 선수라면 자신의 몸 상태에 민감해야 할 뿐 아니라 몸 상태에 따른 수행 결과도 관리해야만 합니다. 그렇지 않다면 부상의 위험성이 높아지고, 외부에서는 몸 상태를 관리하지 않아서 생기는 문제를 선수로서의 자질이 부족한 것으로 잘못 판단할 수도 있습니다.

즉, 몸 상태를 세심하게 관리하지 않는 운동선수는 좋은 선수라고 말하기 어렵습니다. 또한 자신의 전문 영역인 운동에서 좋은 결과를 내기 어려울 것입니다. 마찬가지로 행복이라는 마음의 문제를 다루는 데 있어서 자신의 마음 상태를 관리하지 않는 것은 문제이자 잘못입니다. 내 마음의 안녕을 제대로 관리하지 않는다면 마음의 부상이나 문제가 발생하는 것을 예방할 수도 없으며, 행복이나 즐거움도 느낄 수 없을 것입니다. 마음 관리를 하는 가장 기본적인 방법은 '오늘 또는 지금 나의 기분은 어떤가?'를 세심하게 살피고 관리하는 것입니다.

습관적·반복적으로 기분을 평가하기
: 기분 평가법

그런데 기분은 매우 주관적인 것입니다. 그리고 기분은 감정 '상태'이기 때문에 시시때때로 바뀔 수 있습니다. 그렇다면 순간 사라지고 변하며 눈으로 볼 수도 없는 기분을 어떻게 관리할 수 있을까요? 그 방법은 매우 간단합니다. 기분에 점수를 매겨서 평가해 보는 것입니다.

기분은 기본적으로 '좋은 기분'과 '안 좋은 기분'으로 나눌

수 있습니다. 그리고 '좋은 기분' 또는 '안 좋은 기분'은 그 강
도에 따라서 '상(강함)', '중(보통)', '하(약함)' 등으로 나눌 수 있
습니다. 이와 같은 방법을 통해서 +5(매우 기분이 좋음)에서
+3(기분이 좋음), 그리고 +1(기분이 조금 좋음) 등으로 점수화할
수 있습니다. 마찬가지의 방법으로 -1, -3, -5 등도 '기분이
조금 안 좋음', '기분이 안 좋음', 그리고 '기분이 매우 안 좋
음' 등의 방법으로 부정적인 기분을 평가할 수도 있습니다.

이와 같은 방법을 '기분 평가법'이라고 합니다. 기분 상태
를 양적인 수치로 바꾸는 것입니다. 물론 주관적인 평가이
나 여러 차례 반복하다 보면 어느 정도 절대적인 기분 상태
와 수준에 대한 감이 잡히고, 다양한 상황에서 느끼는 기분
을 비교해 분석할 수도 있습니다. 또한 이와 같은 기분 평가
점수들을 모아본다면 지난 1~2주 또는 한 달 동안의 기분
변화를 살펴볼 수도 있습니다. 그래서 기분 평가법은 간단
하지만 생각보다 아주 유용하고 효과적인 감정 인식·관리
방법입니다.

예를 들어 아침 출근길에 집을 나서면서 자신의 기분을 평
가해 보면 좋습니다. 기분이 '+3'인 날과 '-3'인 날은 아마도

다른 하루를 보내게 될 것입니다. '+3'으로 하루를 시작한다면 왠지 상쾌하고 좋은 기분에 일의 효율성도 높아지며 사람들과의 대화도 원활하게 이루어질 가능성이 높아질 것입니다. 게다가 스트레스나 어려운 문제가 발생하더라도 좀 더 긍정적인 관점을 가지고 대응하며, 그로 인해 결국 좋은 결과를 만들어낼 가능성도 높아집니다. 반면 '-3'으로 하루를 시작한다면 일의 효율성도 떨어지고 사소한 일에도 왠지 짜증과 스트레스가 올라올 것입니다. 사람들 사이에서도 너그러운 마음은 줄어들고 별거 아닌 일에도 서운하고 갈등이 발생할 위험성도 높아질 것입니다.

무감정이 가장 위험하다

이처럼 습관적으로 기분을 평가하는 것만으로도 우리의 삶을 관리하고 바꿀 수 있습니다. 그런데 "오늘 당신의 기분은 어떻습니까?"라는 질문에 대해 "기분이 어떤지 잘 모르겠습니다"라고 대답하거나 '기분 평가법'을 적용할 때 '0점'이라고 대답하는 사람도 있습니다. 이런 경우는 언제 발생하며, 어떻게 받아들여야 하는 걸까요?

이는 자신의 기분 상태나 감정 변화를 평가하거나 모니터링해 본 적이 없는 사람에게서 발생할 수 있는 문제입니다. 즉, 자신의 기분이나 감정 상태를 잘 모르거나 느끼지 못하는 '무감정(無感情)' 상태를 의미합니다. 이로 인해 기분이 나쁨에도 불구하고 인식을 하지 못합니다. 일에 대한 집중력과 효율성이 떨어지고 대인관계에서 짜증이 나더라도 그 원인을 제대로 알지 못하는 결과를 낳습니다. 부정적 감정뿐 아니라 행복이나 만족, 즐거움과 같은 긍정적인 감정에도 둔감할 수밖에 없습니다. 이와 같은 이유로 우리가 행복을 추구하고 마음의 안녕을 유지하는 데 있어서 가장 위험하고 방해가 되는 것은 바로 '무감정' 패턴입니다.

무통성무한증이라는 신체적인 질병이 있습니다. 유전자 변이로 발생하는 선천성 질환인데, 뼈가 부러져도 통증을 느끼지 못하며 뜨거운 것에 데어 화상을 입어도 고통을 느끼지 못하는 희귀병입니다. 우리는 살면서 고통을 주는 위험요소들을 구별하고 이를 피해 다님으로써 신체의 안전을 유지할 수 있습니다. 그러나 이 질병에 걸리면 신체의 고통을 느끼지 못하기 때문에 위험요소들을 제대로 구분하고 피할 수가 없습니다. 그래서 결국에는 많은 위험에 노출되어 빠른 사망에 이를 수밖에 없습니다.

  마찬가지로 무감정은 마음의 고통을 느끼지 못하기 때문에 위험요소들을 피할 수 없고 고통이나 어려움을 해결하거나 관리할 필요성도 느끼지 못하게 합니다. 또한 마음의 즐거움이나 만족을 느끼지 못하기 때문에 궁극적으로는 행복감도 느끼지 못합니다. 그래서 결국 본인도 모르게 번아웃에 빠지거나 어느 순간 정신을 차려보면 이미 마음의 손상이 너무 커 회복할 수 없는 심한 우울증에 걸려 있는 자신을 발견하게 되기도 합니다. 더욱이 많은 노력을 통해서 행복이나 성취를 이루었다고 하더라도 거기에서 오는 즐거움과 긍정적인 감정도 제대로 느끼지 못하게 됩니다.

나의 마음은 안녕한가

오늘 당신의 마음은 안녕하십니까? 만약 가만히 내 마음을 들여다보니 안녕한 상태라면 지금 경험하고 있는 마음의 안녕을 한껏 즐기고 만끽하기 바랍니다. 아마도 좀 더 밝고 긍정적인 오늘과 내일을 맞이하게 될 것입니다.

만약 가만히 내 마음을 들여다보니 안녕하지 못한 상태라면 당신이 할 수 있는 최선을 다해 안녕한 상태로 바꾸도록 노력해야 합니다. 그래야만 나의 마음 상태가 더 안 좋아지는 것을 막을 수 있으며, 안녕하지 못한 상태들이 쌓여서 만드는 마음의 병을 예방할 수 있습니다.

오늘 내 기분이 어떤지, 혹은 나의 마음의 안녕한지에 대해서 잘 모르겠다면 '기분 평가법' 등과 같이 마음의 상태를 보는 연습부터 시작하기 바랍니다. 당신 마음이 다치는 것을 예방해 마음의 병이나 번아웃이 오는 것을 예방해 줄 수 있을 것이며, 열심히 노력한 당신이 만든 성공과 성취로 인한 기쁨과 즐거움도 만끽할 수 있을 것입니다.

물론 처음부터 쉽게 되지는 않을 수 있습니다. 하지만 몸

짱이 되기 위해서는 상당 기간 동안의 노력과 연습이 필요하듯이, 하루하루 당신 마음의 상태와 안녕을 살펴보는 연습을 쌓아간다면 어느 순간에는 내 마음의 행복을 늘리고 아픔을 해결하고 개선할 수 있는 능력을 보유하게 될 것입니다.

　다음 질문에 대한 답을 생각해 보세요.

　　• 지금 당신의 기분은 몇 점입니까?

　　• 어떤 것들이 당신의 기분을 업(up)! 시켰습니까?

　　• 어떤 것들이 당신의 기분을 다운(down)! 시켰습니까?

　　• 지난 1~2주 또는 한두 달 동안 당신 기분 상태의 평균을 내본다면 몇 점이나 됩니까?

• 당신은 최근 대체로 안녕한 상태였습니까, 아니면 안녕하지
  못한 상태였습니까?

• 당신의 최근 마음 상태가 안녕한 또는 안녕하지 못한 이유는
  무엇입니까?

이처럼 당신 마음을 들여다보는 습관, 그리고 당신의 안녕을 관리하기 위한 노력과 실행들이 하나씩 쌓여가도록 해보시기 바랍니다. 이것이 바로 '행복한 나의 삶'을 위한 가장 기본적인 활동이자 시작입니다!

Chapter 4

이유 없는 행복과 불행은 없다

내 감정의 흐름을 살펴야 한다

"당신은 지금 행복합니까?"

이 질문에 대한 당신의 대답은 무엇입니까? 그런데 "당신은 지금 행복합니까?"라는 질문에 대한 대답은 정확히 말하면 '오늘' 또는 '지금 이 순간'에 관한 대답입니다! 만약 같은 질문을 어제 했다면 어떤 대답을 했을까요? 그리고 같은 질문을 일주일 전에 했다면 당신은 어떻게 대답했겠습니까? 같은 질문에 대해서 오늘의 답변과 어제의 답변, 그리고 일주일 전의 답변은 어떤 차이가 있습니까?

당신의 행복에 대한 지난주의 대답과 이번 주의 대답은 같을 수도 있고 다를 수도 있습니다. 아마도 일상의 큰 변화가 없고 특별한 일이 없었다면 지난주의 대답과 이번 주의 대답은 비슷할 것입니다. 그러나 지난 한 주 사이에 아주 좋은 일이 있었다면, 그것도 여러 개의 좋은 일이 있었다면 당신은 이번 주에는 훨씬 더 큰 행복감을 느끼고 있을 것입니다. 반대로 지난 한 주 사이에 힘들고 어려운 일이 많았다면, 그것도 여러 개의 안 좋은 일이 있었다면 당신은 이번 주에는 지난주보다 훨씬 덜 행복하다고 느끼고 있을 것입니다.

그런데 지난주와 이번 주에 정말 동일한 기분이나 행복감을 느낄 정도로 똑같은 상황을 겪는다는 것이 가능할까요? 혹은 지난주에 행복감이 급상승할 정도로 좋은 일만 가득할 수가 있을까요? 역으로 생각해 보면, 지난 한주 내내 불행하고 힘든 일만 가득한 경우도 없을 것입니다. 우리의 삶을 가만히 들여다보면 기쁜 일이 있으면 슬픈 일도 있고, 화가 나는 일이 있으면 즐거운 일도 있을 것입니다.

즉, 희로애락(喜怒哀樂)은 우리가 살아가면서 겪는 자연스럽고 당연한 감정들이며, 이와 같은 감정들이 교차하는 것이 우리의 삶입니다. 다만 이와 같은 삶의 주요 과정과 그에 따른 감정들을 잘 살피면서 적극적으로 관리하는 사람이 있는 반면 특별한 노력이나 투자 없이 그냥 지나가는 사람이 있을 뿐입니다. 과연 행복하기 위해서는 어떤 태도와 대응이 필요할까요? 당연히 내 삶의 과정을 살펴보면서 그 안에서 느껴지는 감정의 흐름을 살펴봐야 합니다.

나는 언제 행복한가

만약 지난주에 비해 이번 주 당신의 기분이 좀 더 좋아졌거나 행복감이 늘어났다면 그 이유는 무엇입니까? 과연 당신에게 어떤 일들이 생겼으며, 어떤 일들이 당신을 행복하게 만들었습니까?

이처럼 나를 행복하게 만드는 일들을 확인하고 정리하는 것은 항상 중요합니다. 왜냐하면 이런 일들은 다음에도 나를 행복하게 만들어줄 것이며, 때로는 내가 행복하고 싶을 때 활용할 수 있기 때문입니다. 또한 왠지 지치고 힘든 마음을 가지게 되는 날, 이 목록에 있는 일들을 한다면 그나마 지치고 힘든 마음이 나아지고 좀 더 웃을 수 있는 하루가 될 것입니다.

지난주 당신을 조금이라도 즐겁게 하며, 행복감을 늘리는 데 도움이 되었던 일은 무엇입니까? 생각나는 대로 한번 기록해 보시기 바랍니다.

☺ 기분 좋았던 일 1

☺ 기분 좋았던 일 2

☺ 기분 좋았던 일 3

다 기록해 보셨나요? 기록해 본 소감은 무엇입니까? 아마도 기록을 하기 위해 지난 한 주를 되돌아보게 되었을 것입니다. 되돌아보면서 내 마음은 어땠는지, 나는 행복했는지에 대해 다시금 생각하는 계기가 되었을 것입니다.

이제는 기록한 내용을 다시 한번 살펴보시기 바랍니다. 기록한 내용을 본 소감은 무엇입니까? 아마도 지난주에 있었던 행복한 일들의 리스트를 보면서 그때의 좋았던 감정과 행복했던 느낌들을 다시 떠올릴 수 있었을 것입니다.

이렇게 행복했던 사건들을 차곡차곡 정리해 나간다면 당신은 스스로를 행복하게 만들고 즐거움과 만족을 주는 일들을 확인할 수 있게 됩니다. 그리고 이 목록은 당신 삶에 활력소와 에너지를 공급해 주는 일들의 목록이 됩니다. 만약 지치고 힘든 순간이 온다면 이 목록에 있는 일들을 찾아서 해봄으로써 다시금 심리적 활력과 마음의 에너지를 회복할 수도 있습니다.

나는 언제 불행한가

만약 지난주에 비해 이번 주 당신의 기분이 좀 더 안 좋아졌거나 행복감이 감소했다면, 그 이유는 무엇입니까? 과연 당신에게 어떤 일이 생겼으며, 무엇이 당신의 행복을 가로막았습니까?

이처럼 나의 행복을 가로막는 일을 확인하고 정리하는 것은 항상 중요합니다. 왜냐하면 이런 일들은 다음에도 나의 행복을 가로막을 것이기 때문에 이를 피하는 것만으로도 나의 행복을 보호하거나 유지하는 데 도움이 됩니다. 또한 왠지 지치고 힘든 마음을 가지게 되는 날, 혹시라도 이 목록에 있었던 일들을 겪지는 않았나 살펴보고 적극적으로 대응하고 해결함으로써 다시는 나의 행복을 가로막지 않도록 만들어버릴 수도 있습니다.

지난주 당신의 행복을 가로막았던 일들, 스트레스나 마음의 불편함을 가지게 했던 일은 무엇입니까? 생각나는 대로 한번 기록해 보시기 바랍니다.

☺ 스트레스 사건 1

☺ 스트레스 사건 2

☺ 스트레스 사건 3

다 기록해 보셨나요? 기록해 본 소감은 무엇입니까? 아마도 기록을 하면서 지난 한 주를 또 다시 되돌아보게 되었을 것입니다. 되돌아보면서 내 마음은 얼마나 힘들고 지쳤는지, 그리고 내가 왜 그렇게 힘들었는지에 대해서 다시금 생각하는 계기가 되었을 것입니다.

이제는 기록한 내용을 다시 한번 살펴보시기 바랍니다. 기록한 내용을 본 소감은 무엇입니까? 아마도 지난주에 있었던 스트레스 사건들의 목록을 보면서 그때의 힘들었던 감정이나 불행했던 느낌들을 다시 떠올릴 수 있었을 것입니다.

더 중요한 것은 왜 그런 일이 생겼는지에 대해서 좀 더 차분하고 객관적인 상태에서 원인을 분석할 수도 있고, '만약 다르게 행동했다면?'이라는 차원에서 좀 더 건강하고 스트레스를 줄일 수 있는 대안을 생각해 볼 수도 있다는 것입니다.

이렇게 스트레스 사건들을 차곡차곡 정리해 나간다면 당신을 힘들게 하는 요소들을 파악할 수 있습니다. 그리고 이 목록을 활용해 스트레스 사건을 최대한 피하거나 적극적인 대응을 하고 해결방안을 만드는 데 있어서 참고자료로 활용할 수 있습니다. 이처럼 내 마음을 힘들게 하고 행복하지 못하도록 만드는 요소들을 파악하고 적극적으로 대처해서 해결한다면 좀 더 행복한 삶에 가까이 갈 수 있게 됩니다.

행복에도 이유가 있다

우리가 행복감을 느끼는 경우에도, 그리고 행복감을 느끼지 못하는 경우에도 가만히 살펴보면 다 이유가 있습니다. 모든 감정을 다 설명할 수는 없지만 전반적인 감정의 흐름을 이해하거나 납득하는 것은 가능합니다. 만약 일주일 내내 즐거운 일이 가득했다면 당연히 오늘의 기분은 상당히 좋을 것이며, 주관적인 행복감도 올라갈 것입니다. 그런데 일주일 내내 힘든 일과 스트레스가 가득했다면 당연히 오늘의 기분은 상당히 힘들 것이며, 주관적인 행복감도 감소할 것입니다.

앞서 기록했던 일주일 동안의 기분 좋았던 일이나 스트레스 사건들을 살펴보면 오늘 내가 경험하는 주관적 행복감이 어느 정도 설명이 됩니다. 만약 기분 좋았던 일들이 훨씬 더 많았으며, 스트레스 사건은 거의 없었다면 아마도 지난주보다 이번 주의 행복감은 더 클 것입니다. 반대로 기분 좋았던 일들은 별로 없었는데, 스트레스 사건은 가득하다면 아마도 오늘 당신의 마음은 지치고 피로감을 느낄 가능성이 높습니다.

그러나 행복이 이처럼 단순한 산술적 평균으로 계산할 수 있는 감정은 아닙니다. 각 사건들이 가지는 의미와 중요성, 그리고 당시 겪었던 감정의 강도 등 수많은 변수들이 영향을 미치는 복잡하고 정교한 감정입니다. 하지만 앞서 답변했던 목록들을 정리할 수 있다면 내 행복에 영향을 미치는 여러 가지 요소들을 비교적 정확하게 파악할 수 있음을 의미합니다.

만약 이처럼 자신의 삶과 행복에 영향을 미치는 요소들을 확인할 수 있는 능력만 갖추더라도 행복을 훨씬 더 잘 관리할 수 있습니다. 이는 나만의 행복을 찾기 위한 첫걸음입니다. 게다가 각 요소들을 다루는 보다 효과적인 방법들까지 배운다면 내 마음과 행복을 스스로 조절할 수 있습니다.

행복에도 테마가 있다

살면서 경험하는 어떤 사건들은 즐거움과 행복을 줍니다. 예를 들어서 좋은 성적을 받았거나 돈을 많이 버는 기회가 생기는 등의 일이 그렇습니다. 그러나 어떤 사건들은 스트레스와 마음의 고통을 줍니다. 예를 들어서 나에게 소중한 사람들이 아프고 다쳤거나 원하고 바라는 일들이 제대로 이루어지지 않는 경우가 그렇습니다.

이처럼 사람들은 대체로 긍정적인 사건에서는 좋은 기분을 느끼고 행복감이 늘어나게 되며, 부정적인 사건에서는 안 좋은 기분을 느끼고 행복감이 감소하는 결과를 겪게 됩니다. 그런데 이 과정에서도 개인차가 존재합니다. 즉, 사람에 따라서 특별하게 행복감을 느끼는 포인트들이 있으며, 거꾸로 유달리 스트레스를 받는 포인트들이 있습니다. 그래서 나 자신이 어떤 행복 테마를 가지고 있는지에 대해서 알고 있어야 합니다.

예를 들어 어떤 사람의 행복 테마는 주로 가정과 가족입니다. 그 어떤 일보다도 가족과 관련된 일에서 긍정적인 기분을 경험하고 행복감을 느끼곤 합니다. 그렇기 때문에 거꾸로 가족과 관련된 문제가 생기면 행복감 전체가 뚜렷하게 감소할 수도 있습니다. 어떤 사람은 일이 행복 테마인 경우도 있습니다. 일에서의 성공과 성취에서 가장 큰 행복감과 만족감을 느끼곤 합니다. 물론 일을 열심히 하고 돈을 벌어서 가족과 행복하게 살고 싶다는 목적을 가지고 있을 수도 있으나 우선은 일 자체에서의 만족과 성취를 가장 중요하게 생각할 수도 있습니다.

그렇다면 당신의 행복 테마는 무엇입니까? 사람들이 가지는 일반적인 행복 테마는 다음의 4가지로 분류할 수 있습니다.

❶ 개인적이고 주관적인 행복(감): 현재 어떤 감정을 느끼고 있는지, 이유와 상관없이 좋은 기분인지, 안 좋은 기분인지 등을 말합니다.

❷ 일에서의 성공과 성취: 업무적 또는 사회적인 성취와 성공 등 어떤 직장을 다니고 급여 수준은 어느 수준인지 등이 될 수도 있으며, 일에서의 인정이나 명예 등을 중시할 수도 있습니다.

❸ 다양한 사람들과의 관계: 어린 시절 친구를 비롯한 개인적 관계 네트워크 또는 직장이나 사회에서 만난 사람들이나 그들과의 네트워크를 말합니다.

❹ 가족이나 가정: 부모와 형제 등과 같은 친족 관계에 있는 사람들과의 관계와 분위기를 말합니다. 혈연으로 얽혀서 나의 인격 형성과 어린 시절 삶의 배경이 되었던 사람들과의 관계를 통칭합니다.

이 중에서 당신은 어떤 테마를 중요하게 생각합니까? 이것을 확인하는 간단한 방법은 당신이 기록했던 행복했던 사건들과 스트레스 목록을 살펴보는 것입니다. 왜냐하면 사람들은 주로 자신이 중요하게 생각하는 테마를 중심으로 사건을 기억하고 감정을 느끼며 이것이 행복감에 영향을 미치기 때문입니다.

만약 행복 사건과 스트레스 목록이 주로 일과 관련된 것이라면 당신의 행복 테마는 일이라고 할 수 있습니다. 반면 행복 사건은 다양한 사람들과의 관계였으나 스트레스 사건은 주로 가족이나 가정과 관련된 것이라면 가족 내에서 갈등이나 이슈가 있을 가능성이 높습니다.

행복도 균형과 조화가 필요하다

그렇다면 과연 어떤 행복 테마를 가지는 것이 가장 좋을까요? 당연히 이에 대한 정답이 존재할 수는 없습니다. 그런데 분명한 것은 말씀드렸던 자신의 감정, 일, 관계, 그리고 가족

중 그 무엇도 놓칠 수 없다는 것입니다. 이 4가지 요소들은 행복의 주요 차원들로써 우리의 삶과 행복에 큰 영향을 미치는 필수적이고 핵심적인 요소들입니다.

4가지 영역 모두 우리가 적극적으로 관리하고 해결해야 하는 핵심적인 행복 테마입니다. 다만 이 영역들 중에 상대적인 중요성에서는 차이가 있을 수 있습니다. 개인의 성격이나 가치관, 과거 경험이나 내적인 원칙과 신념 등에 따라서 어떤 테마를 더 중시하는지는 다를 수 있습니다. 그중 한 가지 영역에서만 행복을 느낀다든가 혹은 특정 영역에서는 큰 불행을 느낀다면 결코 안정적인 행복을 느끼기 어렵습니다. 이 중 한 가지 영역도 빼놓기 어려우며, 4가지 요소들의 균형과 조화가 적절히 이루어질 때 우리의 행복감은 가장 안정적이고 커질 수 있습니다.

마치 어떤 시험의 필수과목과 같이 상대적으로 강한 과목과 부족한 과목이 있을 수는 있으나 한 과목이라도 과락이 생기면 합격이 되기 어려운 것과 마찬가지입니다. 4가지 영역에서 모두 '중' 수준 이상의 만족감과 행복을 느낄 수 있는 것이 가장 좋습니다. 만약 한두 가지 영역에서 '하' 수준으로 심각한 문제나 스트레스를 겪고 있다면 이는 전반적이고 종합적인 행복을 방해하는 원인으로 작용합니다.

정리하면 우리에게는 꼭 관리해야 하는 삶의 주요 영역들이 있습니다. 그것은 개인 감정, 일, 관계, 그리고 가족입니다. 이 4가지 영역들은 우리 삶의 주요 영역이며 나의 행복감에 영향을 미치는 핵심적 요인들입니다. 4가지 영역에서 상대적인 차이가 있을 수는 있으나 전반적이고 균형적인 관리가 이루어졌을 때 우리는 안정적인 행복감을 느낄 수 있습니다. 하지만 이 영역 중 한두 영역에서 큰 문제가 생긴다면 전반적인 행복은 낮아질 수밖에 없으며, 지금 느끼고 있는 행복마저도 불안정해질 수밖에 없습니다.

다음 질문들에 대답해 보면서 4가지 영역에 대한 균형적 행복감을 점검해 보시기 바랍니다.

삶의 주요 4가지 영역의 균형적 행복감을 체크해 보세요.

1. 나는 개인적으로 행복감을 느끼고 있다.　　　　　상 - 중 - 하

2. 나는 일에서 행복감을 느끼고 있다.　　　　　　　상 - 중 - 하

3. 나는 개인적인 관계(친구 등)에서 행복을 느끼
   고 있다.　　　　　　　　　　　　　　　　　상 - 중 - 하

4. 나는 일 관련 관계(회사 동료 등)에서 행복감을
   느끼고 있다.　　　　　　　　　　　　　　　상 - 중 - 하

5. 나는 가족 관계에서 행복감을 느끼고 있다.　　　상 - 중 - 하

내가 주로 행복감을 느끼는 영역은 무엇일까?

상대적으로 행복감이 낮은 영역은 무엇일까?

Chapter 5

우리는 왜 행복하지 않은가

행복지수는 어떻게 해석해야 하는가

2022년 유엔 산하기구인 SDSN(Sustainable Development Solutions Network, 지속 가능 발전 해법 네트워크)에서 발간한 2022 세계 행복 보고서(2022 World Happiness Report)를 통해 우리나라 행복지수가 146개국 중 59위에 해당한다는 내용이 발표되었습니다. 이 보고서에서 정의하는 행복지수는 1인 당 GDP, 사회적 지지, 건강 기대수명(healthy life expectancy), 살아가면서 선택의 자유(freedom to make life choices), 관용

(generosity), 부패 인식(perception of corruption) 등을 고려해 산출합니다.

그런데 이 내용을 전하는 기사들의 분위기나 경향을 보면 대체로 '우리나라가 문제가 있다', '행복하지 않은 나라다', 또는 '경제적으로 발전하면 뭐하냐, 행복하지 않은데…' 정도의 느낌이 많습니다. 행복지수 수치에 대해 긍정적인 의미를 부여하거나 적어도 객관적이고 균형적인 해석을 하기보다는 부정적 또는 문제 중심적인 접근을 하고 있다는 인상을 받게 됩니다. 그리고 이와 같은 태도는 단지 우리나라의 행복지수를 전달하는 기사뿐 아니라 사회 전반에 걸쳐져 있습니다.

물론 이와 같은 문제 중심적인 접근을 하고, 극복하고자 하는 적극적인 노력을 통해 현재의 성공을 만들어 온 점에 대해서 부인할 생각은 없습니다. 하지만 이런 태도들이 우리 일상의 행복에는 상당히 부정적인 영향을 미치게 됩니다. 이처럼 행복과 관련된 팩트를 대하는 우리의 전반적인 태도와 분위기를 보면서 '아, 이래서 우리는 행복하지 않다고 느끼는구나'라는 통찰이 들기도 합니다. 즉, 이와 같은 접근법 안에 우리가 덜 행복하다고 느끼는 이유들이 모두 포함되어 있습니다!

우리가 행복하지 않은 이유

높은 목표와 성공(성취) 욕구

우리나라 사람들이 부지런하다는 것은 세계적으로도 유명합니다. 이와 같은 우리나라의 특징은 객관적인 지표로 검증되기도 합니다. 우리나라 근로시간은 단연코 세계 1위입니다(2021년 기준, OECD 국가 중 중남미 국가들을 제외하면 우리나라는 근로시간 1위). 게다가 OECD에서 주관하는 읽기, 수학, 과학의 학업성취도 조사에서 줄곧 상위권에 위치하고 있으며, 대학 진학률은 OECD 국가 중 단연코 1위를 차지하고 있습니다.

순위로 드러나는 공식적인 지표들뿐 아니라 우리나라에 대한 자부심을 느낄만한 요소는 많이 있습니다. 축구나 쇼트트랙, 또는 올림픽 경기나 월드컵을 보고 있자면 우리나라 선수들이 대단하다는 생각이 듭니다. 동양에 있는, 크기도 작은 나라에서 어쩜 이렇게 훌륭하고 유능한 선수들이 많이 나올 수 있을까 하는 생각이 듭니다.

또한 일상생활에서 버스나 지하철을 탈 때에도 우리나라의 교통 시스템에 대해서 놀라움을 금하기 어렵습니다. 어떻게 다음 버스가 몇 분 후에 도착하고, 자리는 몇 석이 남아 있는지를 예측하는 시스템을 만들고, 어떻게 하면 좀 더 효율적인지 연구해서 편리한 서비스를 개발하는 것을 보면 감탄할 정도입니다.

물론 서울의 야경이 화려하고 멋질 수밖에 없는 이유는 지독한 야근 문화 때문이라는 자조적인 목소리도 나옵니다. 우리나라는 교육열도 매우 높아서 대치동 학원가는 밤 10시 전후로 진입했다가는 30분은 서서 기다릴 각오를 해야 합니다. 어떤 때에는 '빨리빨리' 문화에서 발생하는 문제들로 인해 우리 스스로의 조급함에 대해서 비판하기도 합니다. 그런데 이 이면에는 지금보다 훨씬 더 나은 변화를 추구하고, 그 목표를 높게 설정하고 이를 달성하고자 실제로 노력하는 열정과 행동이 있습니다.

남들만큼 공부하고 남들만큼 일해서는 괄목할 만한 성장이나 발전을 이루지 못합니다. 어떤 때는 엘리트 체육이라는 말로 우리나라의 성과 중심 체육이나 교육을 비난하기도 합니다. 하지만 엘리트를 양성하기 위해 엄청난 돈을 쏟아붓고도 좋은 결과를 얻지 못하는 나라가 태반임을 고려한다면 결국 해내고야 마는 우리나라 선수들이 대단한 것입니다.

그 결과 2021년 유엔 소속의 유엔무역개발회의(UNCTAD)는 우리나라의 지위를 개발도상국에서 선진국으로 격상했습니다. 이와 같은 지위 변경은 우리나라가 처음이라고 덧붙이기도 했습니다. 또한 2021년 세계지적재산기구(WIPO)에서 발표한 글로벌 혁신지수에서는 세계 5위에 랭크되었으며, 블룸버그에서 발표한 2021 블룸버그 혁신지수에서는 세계 1위를 하기도 했습니다. 이 외에도 우리나라의 성장과 성공을 나타내는 유사한 지표들은 수도 없이 많이 찾아볼 수 있습니다.

이와 같은 결과들을 종합해 보면 우리나라 사람들은 '현재에 만족하지 않고 스스로 높은 목표를 설정하고, 이를 달성하기 위해 부단히 노력하고 행동하는 사람들'이라고 정의할 수 있습니다. 그런데 불행히도 현재에 만족하지 않고 높은 목표를 설정하면서 부족함을 채우고자 하며, 결과를 중시하며 목표를 달성하는 과정의 어려움을 견뎌내는 접근은 '행복감'을 낮추는 주요 원인이 됩니다. 왜냐하면 결과는 행복에 도움이 될지언정 그 과정은 고단하고 힘들기 때문입니다.

과밀과 경쟁

심리학 실험 중에 존 칼 훈(John B. Calhoun)이라는 심리학자이자 동물행동학자의 쥐 실험이 있습니다. 1968년 존 칼훈은 쥐들을 이용해 개인적 공간과 스트레스에 관한 실험을 진행했습니다. 일정한 공간에 아주 풍족한 먹이와 쾌적한 환경을 만들어 주었으나 쥐들의 개체수가 늘어나면서 스트레스와 공격적인 행동들이 증가했습니다. 결국 출산율이 저하되는 결과를 낳아 5년 후 모두 죽어버리는 비극적인 실험 결과를 보였습니다. 이 실험은 과밀로 인한 경쟁과 개인적 공간의 축소 등이 동물의 사회적 환경과 적응에 부정적인 영향을 미침을 시사합니다.

최대 3,300마리를 수용할 수 있는 크기의 공간, 충분한 음식과 물을 지속적으로 제공하는 최적의 환경을 만들었음에도 불구하고 쥐들의 개체가 늘어나면서 문제들이 발생했습니다. 4쌍의 쥐로 시작된 실험은 315일 후 개체수가 660마리로 늘어난 이후부터 출산율이 감소하기 시작했습니다. 600일 후 개체수가 2,200마리가 되었을 때부터는 아예 번식 자체가 중단되었습니다. 또한 힘이 강한 쥐들이 짝짓기를 위한 넓은 공간을 확보하고자 했으며, 이로 인해 서로 간에 공격적인 행동들이 증가했습니다. 쥐들의 공격성은 점차 심해졌고 나중에는 어린 새끼들을 돌보지 않고 심지어는 물어 죽이거나 잡아먹는 행동을 보이기도 했습니다.

더욱 특이한 현상은 600일이 지나 개체수가 점차 줄어들면서 개인적 공간이 늘어나자 싸움이 잦아들고 겉으로 보기에는 평화로운 분위기로 돌아온 후에 발생했습니다. 수컷들은 생식활동을 하지 않았으며 암컷들은 자식 양육을 포기했습니다. 게다가 서로에 대해서 관심을 가지지 않고 하루 종일 먹고 마시며 털을 다듬는 행동에만 집중하는 모습을 보였습니다. 즉, 공동체의 생존이나 집단적 활동보다는 생식활동조차도 하지 않는 자기 중심적이고 이기적인 활동에만 몰두했습니다.

우리나라의 인구밀도는 매우 높습니다. 인구밀도 순위는 세계 13위기는 하나 도시급의 국가인 홍콩이나 마카오 등을 제외하면 세계 3위이며 OECD 국가 중에서는 단연코 1등이라고 합니다. 게다가 국토의 70%가 산으로 구성되어 있어 실제로 생활하고 거주할 수 있는 공간이 부족하다는 점과 더불어 수도권 집중현상 등까지 고려한다면 인구밀도가 엄청나게 높은 나라입니다. 물론 쥐들을 대상으로 한 이 실험 결과를 인간 행동에 직접적으로 적용하기에는 무리가 있을 수 있습니다. 그러나 인구 과밀과 그로 인한 경쟁적 관계, 그리고 그 결과로 발생하는 부정적 영향이 있다는 정도는 확인할 수 있습니다.

이를 종합적으로 고려해 본다면 과밀과 그로 인한 경쟁적 관계, 그리고 그와 관련된 스트레스와 부정적 심리상태 등은 스트레스를 증가시켜 결국 행복감을 낮추는 주요 원인이 된다는 점을 시사합니다.

재물 중심 사회

2021년 미국의 여론조사기관 퓨 리서치 센터(Pew Research Center)에서는 우리에게 시사하는 바가 큰 리서치 결과를 내놓았습니다. "당신의 삶을 의미 있게 만드는 것은 무엇입니까?"라는 질문에 대해서 미국, 영국, 일본, 유럽 등 소위 선진국들의 답변 1순위는 '가족'이었던 반면에 우리나라는 '물질적 풍요'라는 응답률이 가장 높게 나온 것입니다. 그렇다면 우리나라 사람들은 정말로 '돈만 밝히는' 사람들일까요?

그런데 가만히 생각해 보면 우리나라가 일제강점기에서 해방된 해가 1945년이며, 한국전쟁이 1950년에 발발해 1953년에 정전 협정을 맺으면서 일시 중단된 상태가 되었습니다. 이런 역사적 사실을 통해 추론해 본다면 우리나라가 일제에 모든 것을 수탈당한 상태에서 한국전쟁이라는 민족 간의 치열한 전쟁을 3년간 치르느라고 완전히 황폐화되었습니다. 개인으로 말하면 완전 '파산 상태'가 된 것이 70년 밖에 지나지 않았다는 것입니다. 그렇다면 지금 80세 정도 되시는 어르신들의 경우에는 일제로부터의 해방과 한국전쟁을 직접 경험하면서 유년기와 아동기를 거치신 분들입니다.

즉, 세계 최하위에서 세계 10위 이내의 경제부국이 되는 과정을 담당했던 분들이 아직도 정정하게 살아계십니다. 물론 그분들 중 상당수는 은퇴하고 쉬시기도 하지만, 그분들 삶의 방식대로 양육된 자식들이 현재의 사회 지도층으로 활동하고 있습니다. 어찌 되었건 우리 사회는 아직도 보릿고개를 처절하게 겪으면서 새마을 운동을 통해서 이를 극복하는 것을 넘어서 한강의 기적이라고 표현되는 세계 10위권의 경제대국으로 대전환을 만들어낸 주역들의 영향력 하에 있습니다. 그리고 그분들의 가치관과 삶의 방식에 아주 큰 영향을 받은 자녀들이 현 사회의 지도층과 리더급으로 활동하고 있습니다.

그래서 우리는 가족이나 가족의 행복을 경시하는 것이 아니라 우선 먹고 살아야 하며, 그래도 마음 놓고 거주할 수 있는 집 한 채라도 확보하는 것, 즉 물질적 풍요가 중요하다고 생각할 수밖에 없는 것입니다. 이렇듯 우리의 내면 또는 무의식에는 새마을 운동이나 보릿고개 등 매슬로우(Maslow)의 욕구 위계 상 아랫단계에 해당하는 일단 잘 먹고 잘 사는 것 수준의 생존 혹은 기본적인 안전에 대한 욕구와 관련된 투쟁의 역사가 생생한 삶의 일부로 입력되어 있다는 것입니다. 먹고사는 문제가 해결된 지 얼마되지 않은 우리나라의 상황을 냉철하게 되돌아본다면, 행복과 같은 매슬로우의 욕구 위계상 고차원적인 심리적 요구는 아직도 덜 중요하게 여겨지는 것이 어찌 보면 당연한 현상일 수도 있습니다.

문제 중심적 접근

우리나라의 언론이나 미디어를 보다 보면 가끔씩 머리가 아파오고 심한 걱정과 염려에 사로잡힐 때가 있습니다. 왜냐하면 이것도 문제, 저것도 문제라는 등 생각지도 못했던 여러 가지 문제들이 가득하기 때문입니다. 그뿐만 아니라 '심층 분석'이라는 제목으로 현재의 문제점과 이로 인해 앞으로 발생할 수 있는 비관적이고 부정적인 미래에 대한 이야기까지 온통 걱정스러운 내용이 훨씬 더 많습니다. 많은 조회수를 기록해야 하며 이슈를 제기해야만 하는 언론이나 미디어의 입장에서는 문제 중심적인 접근을 하는 것이 당연할 수 있습니다.

그런데 긍정적인 정보와 부정적인 정보가 동시에 제공되

면 대부분의 사람은 긍정적 정보보다는 부정적 정보를 더 중시하고 신뢰하는 경향을 보입니다. 이와 같은 심리적 현상을 '부정편향 효과'라고 합니다. 이로 인해 사람들은 중립적이고 균형적이며 객관적인 시각을 가지게 되기보다는 부정적 정보에 더 영향을 받아 문제 중심적인 태도를 가지게 됩니다.

그렇다면 우리나라, 우리 사회는 정말로 그렇게 문제가 심각한 나라일까요? 제 나름대로의 결론은 '그렇지 않다!'입니다. 예를 들어 반에서 하위권에 있던 학생이 열심히 공부해 상위권으로 성적이 향상되었습니다. 이 학생은 문제가 있는 학생인가요? 아마도 열심히 공부하고 노력하는 훌륭한 학생으로 평가하는 것이 더 적절할 것입니다. 하지만 '더 좋은 성적을 받을 수 있었는데… 안타깝네… 아쉽네… 조금만 더 잘하면 더 좋을 텐데…'에 초점을 둔다면 아직도 문제가 많은 학생으로 생각될 것입니다.

이처럼 행복지수를 보고하는 신문기사나 보도자료들은 '경제력은 선진국, 그러나 행복은 후진국' 또는 '행복은 OECD 최하' 등과 같은 부정적인 의미를 내포하는 자극적인 표현들로 '어그로'를 끕니다. 또한 긍정적인 평가를 받은 항목들에 대한 언급은 적고 문제점에 대해서는 심층적인 분석을 내놓습니다.

축구 경기에서 우리나라보다 FIFA 랭킹이 더 높은 일본은 당연히 이겨야 한다고 생각합니다. 이기면 기뻐하는 순간은 잠깐인 데 비해, 지기라도 하는 날에는 감독을 갈아치우라는 국민들의 원망과 더불어 한 달 내내 문제점을 분석하는 신문기사들이 넘쳐나는 현상에서도 이러한 문제를 찾아볼 수 있습니다.

이는 마치 공부를 그리 잘하지 못하던 학생이 열심히 공부해서 수학과 영어 성적은 급격하게 상승했는데, 국어 성적은 아직 이전과 비슷하다고 해서 수학과 영어 점수가 오른 것은 당연한 것처럼 여기고 상대적으로 낮은 국어 점수에 대해 진지한 분석과 비판을 하는 것과 마찬가지입니다. 결국 열심히 노력해 수학과 영어 점수가 향상된 데 따른 기쁨이나 성취감은 어느샌가 사라져버리고 국어 성적에 대한 부담과 스트레스만 남게 될 것입니다.

어느 누구라도 문제점만 강조하고, 채찍질만 한다면 행

복하기 어렵습니다. 이룬 것에 대해서는 쉽게 넘기고, 앞으로의 목표만 강조한다면 그 또한 행복하기 어렵습니다. 잘한 것에 대해서는 잘했다고 충분히 칭찬하고 인정하는 것이 선행되어야 합니다. 그리고 문제점에 다룰 때에도 문제 자체에 대한 지나친 비판이나 문제 중심적 분석보다는 'So What?(그래서 어떻게 개선하고 해결할 것인가?)'에 집중하는 것이 건강한 성취와 행복을 불러오는 길입니다.

긍정적인 측면에도 균형적 관심을 기울여라

그렇다면 이와 같은 문제들을 어떻게 해결해야 할까요? 분명한 것은 '국뽕'과 같이 일방적이고 무조건적으로 긍정적인 측면만 보라는 말은 아닙니다. 문제 중심적인 접근과 그에 기반한 높은 목표 설정, 그리고 치열한 경쟁과 열정적인 노력을 통해서 만들어낸 성과 등이 공존한다면 그것들에 대해서도 균형 있게 받아들이는 접근이 필요합니다. 잘한 부분에 대해서는 잘한 대로, 부족한 부분에 대해서는 부족한 대로 긍정과 부정을 모두 고려한 균형적 접근이 필요합니다.

예를 들면, 현재 우리 사회가 직면한 가장 큰 문제 중 하나는 출산율(그리고 그 이면의 결혼)입니다. 출산율이 극히 낮은 데에는 제가 이 챕터에서 논의했던 우리가 행복하지 않은 이유들이 모두 관련되어 있습니다. 자녀를 낳았다면 당연히 좋은 환경에서 잘 키우고 싶고, 여러 가지 심리적 책임감과 경제적인 부담을 가질 수밖에 없습니다. 그리고 부모 세대가 겪었던 사회적 경쟁이나 스트레스, 대인관계 갈등이나 문제들을 자녀들도 겪을 것이라는 걱정도 들 수 있습니다. 이와 같은 부정적인 측면들을 분명히 고려할 필요는 있지만 '부정적인 측면만' 고려하는 것은 문제를 유발할 수 있습니다.

역으로 보면 출산율 감소로 인해 발생하는 다양한 긍정적인 측면은 의사결정에 별로 반영되지 않습니다. 선진국 대열에 들어서면서 출산에 대한 국가적인 지원이나 직장 내 임산부 지원 시스템이 지속적으로 보완되고 있습니다. 앞으로는 틀림없이 인구가 감소할 것이기 때문에 10년 후 정도라면 집값 문제도 지금과는 상당히 다를 것으로 예상할 수 있습니다. 교육과 관련해서도 아이들의 수 자체가 줄기 때문에 교육 과정상 경쟁도 많이 개선될 것이며, 취업을 하는 데 있어서도 완전 고용의 시대가 얼마 남지 않았습니다. 자녀 한 명을 18세까지 키우는 데 3억 정도가 들어간다고 하지만 자녀를 출산하고 양육하면서 얻게 되는 기쁨과 행복은 돈으로 따질 수도 없을 정도의 가치가 있습니다. 그러나 이와 같은 긍정적 측면을 고려하거나 지금 우리가 하는 걱정과 염려가 실제로는 해결 가능한 것일 수도 있다는 균형적 사고는 별로 하지 않습니다.

그리고 이와 같은 현상은 우리 생활의 전반에 널리 퍼져 있습니다. 내가 살고 있는 세상과 사회에 대한 우리의 기본적인 인식과 태도, 그리고 행동 공식과 행복에 대한 지각에 큰 영향을 미치고 있습니다. 높은 기준을 설정하고 이를 반드시 달성하고자 하는 성취 욕구를 가지고 있어 기적이라고 불릴 정도로 획기적인 발전을 이루었으나 그로 인한 성취감과 결과에 대한 만족감은 상대적으로 적게 느끼고 있습니다. 현재의 부족한 점에 초점을 두어 이를 극복해 더욱더 발전된 결과를 만들고자 하나 그 과정에서 강점이나 장점들은 간과되고 있습니다.

진정한 행복을 위해서는 건강하고 합리적인 생각과 행동이 필요합니다. 문제 중심적 사고는 부정적인 측면에 대부분의 초점을 두고 접근하는 방식이며, 높은 기준과 그에 따른 성취 욕구는 이미 이루어 놓은 성취를 고려하지 않고 앞으로 해야 할 일에만 초점을 두는 것입니다. 이와 같은 높은 기준과 문제 중심적 편향성을 바로잡기 위해서는 '반반기법'을 사용하는 것이 좋습니다. 개인이나 사회적인 평가와 관련해 긍정적인 측면 반과 부정적인 측면 반을 함께 고려하는 것입니다.

문제 중심적인 접근과 더불어 강점이나 장점에 대해서도 동일한 비율로 생각하는 습관을 가지는 것이 필요합니다. 미래에 이루어야 할 부담스러운 과업에 신경 쓰는 만큼 그동안 이루어 왔던 업적과 긍정적 성과에도 초점을 두어 생각하는 균형적 관점이 반드시 필요합니다. 이와 같은 방식으로 긍정적 측면과 부정적 측면에 대한 인지적 균형을 맞춤으로써 건강한 행복을 경험하고 관리할 수 있습니다.

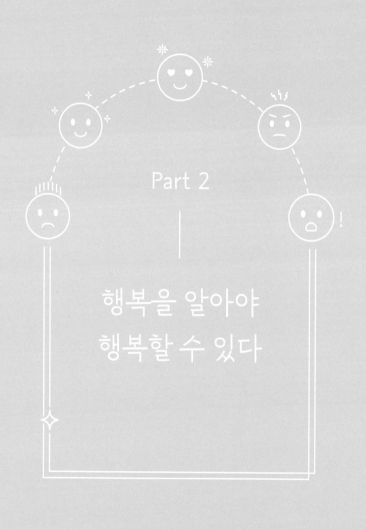

Part 2

행복을 알아야
행복할 수 있다

우리가 진정으로 나만의 행복을 찾기 위해서는 행복에 대해서 제대로 알아야 할 필요가 있습니다. 더불어 오늘의 행복과 과거의 행복과 미래의 행복은 무엇인지에 대해서도 제대로 이해하고 관리할 수 있어야 합니다. 과연 진정한 행복이란 무엇이고, 행복의 구체적인 속성은 무엇이며, 어떻게 해야 행복을 가질 수 있는지에 대해서 명확하게 정리정돈이 되어야 진정한 나만의 행복을 얻을 수 있습니다. 즉, 행복을 제대로 알아야 행복할 수 있습니다. 진짜 행복은 무엇일까요? 본격적으로 행복을 탐구해 보도록 하겠습니다!

Chapter 6

행복은 무엇인가

각자 원하는 행복은 다르다

'사랑'이라는 단어를 들으면 어떤 생각이 드십니까? 어떤 사람은 이성적인 사랑을 떠올릴 것이며, 다른 사람은 부모가 자식에게 헌신하는 무한대의 내리 사랑을 생각하기도 합니다. 각자 자신이 처한 상황과 과거의 경험, 그리고 자신이 희망하고 원하는 것에 따라 다른 사랑을 생각할 것입니다.

마찬가지로 행복도 각자 생각하는 모습이 다를 수 있습니다. 취업준비생은 원하던 회사에 합격하는 것이 가장 큰 행복일 것이며, 자녀를 가지고 싶어 하는 부부라면 임신을 했다는 소식만으로도 세상 무엇에도 비할 수 없는 행복감을 느끼게 될 것입니다. 그러나 희망이 이루어졌다고 해서 계속 행복한 것도 아닙니다. 시간이 흐르면서 이전의 행복은 일상이 되고 새로운 행복을 원하게 되며, 그 행복을 성취함으로써 또 다른 행복을 만들어가는 일련의 과정이 반복될 것입니다. 다음의 질문에 대해 생각해 보시기 바랍니다.

- 행복이란 무엇이라고 생각하십니까?

- 내가 행복하기 위한 3가지 조건은 무엇이라고 생각하십니까?

- 나에게 100억 원의 돈이 있다면 어떻게 사용해야 가장 행복할 것 같습니까?

행복의 조건을 세우자

우리는 항상 행복을 꿈꾸며 행복을 얻기 위해 많은 노력과 시간을 투자합니다. 이런 우리의 노력은 행복에 조금 더 가까이 갈 수 있도록 도와줍니다. 하지만 때로는 '대체 언제나 되어야 행복해지는 걸까?' 또는 '반드시 행복해야만 해!' 같은 생각을 하는 등 행복의 포로처럼 느껴지기도 합니다. 이처럼 행복 강박증에 시달려 방황하다 보면 가끔 근본적인 회의와 의문을 가지게 됩니다. 그것은 바로 '행복은 과연 무엇일까?'라는 것입니다.

수많은 학자가 각자의 이론적 배경 하에 행복의 정의를 내립니다. 또한 수많은 유명 인플루언서도 방송과 강의에서 행복 비법에 대해서 이야기합니다. 이들의 행복 담론을 가만히 듣다 보면, 무릎을 치며 '아하! 그렇구나!'라고 생각되는 이야기도 있지만 때로는 '이게 맞나?'라는 생각이 들면서 충분히 행복하다고 생각했던 자신의 삶에 대해 오히려 혼란을 경험하기도 합니다.

그렇다면 과연 진정한 행복은 무엇일까요? 일반적이고 보편적인 행복에 대한 수많은 담론은 맞기도 하고 틀리기도 합니다. 어떤 부분은 맞다고 생각되나 다른 부분에서는 맞지 않는다고 생각되기도 합니다. 한 가족이어도, 심지어는 서로 사랑하고 아끼는 부부라도 생각하고 원하는 행복의 모습이 다를 수 있습니다. 한 직장에서 같이 근무하면서 행복한 직장을 만들고자 노력하지만 CEO가 생각하는 행복의 모습과 구성원이 생각하는 행복은 다릅니다.

이와 같은 현상이 일어나는 이유는 행복의 속성 때문입니다. 행복은 가시적이거나 객관적인 실체가 있는 것이 아닙니다. 대단히 심리적인 것으로써, 주관적이고 개인적인 가치 판단을 필요로 하며 그에 따른 감정적 결과입니다. 그래서 행복을 만들어 가기 위해 가장 필요한 첫 단계는 스스로 생각하는 행복이란 무엇이며, 개인적으로 바라고 원하는 행복의 조건들을 명확하게 하는 것입니다.

당신은 행복에 대해서 어떻게 정의했습니까? 행복에 대한 정의는 각자 모두 다를 것입니다. 예를 들어, '행복이란 무엇일까요?'라는 질문에 대한 대표적인 예시 답변을 꼽아본다면 다음과 같습니다.

- 하루하루가 기쁘고 즐거움으로 가득한 것

- 매일, 아무런 걱정이 없이 좋은 일만 가득한 것

- 별 어려움이나 문제가 없이 무난한 삶을 유지하는 것

- 가까운 사람들과 함께 건강하고 무탈하게 어울려 사는 것

- 하루하루에 충실하고 성실하게 살아나가는 것

이처럼 행복을 어떻게 정의하는지는 각양각색이며, 사람들은 자신의 경험이나 주관적 가치에 따라 다르게 정의합니다. 그리고 그 안에는 스스로 생각하는 행복의 조건들이 숨겨져 있습니다. 내가 생각하는 행복이 무엇인지, 그리고 행복하기 위해 필요하다고 생각하는 각자의 조건을 정확하게 알지 못한다면 자신만의 행복을 만들기 어려울 것입니다.

행복의 특징은 무엇인가

행복은 주관적이다

행복의 첫 번째 특징은 주관적이라는 것입니다. 주관적이

라 함은 자신의 생각이나 관점에 따른다는 것입니다. 행복을 주는 물리적인 환경이나 객관적인 조건은 없습니다. 행복을 찾는 사람들이 '어떻게 느끼는가'가 행복의 가장 중요한 요소입니다. 따라서 행복을 스스로 어떻게 생각하고 정의하는지에 따라서 느끼는 행복 수준은 달라집니다. 그래서 행복을 어떻게 정의하는지를 반드시 확인해 보아야 하는 것입니다.

똑같은 상황과 환경, 유사한 근무조건의 회사와 급여 수준, 그리고 비슷한 조건이나 재산 정도를 가진 사람들이라고 해서 모두 동일한 행복을 느끼지는 않습니다. 그 안에서 경험하는 행복의 수준이나 내용은 모두 다릅니다. 같은 조건이라고 하더라도 어떤 이는 행복하나 다른 이는 행복하지 않다고 느낍니다. 즉, 행복은 객관적 조건이나 상황이 주는 것이 아닙니다. 그것을 받아들이는 개인의 주관적인 지각과 인식이 가장 중요한 요소인 것입니다.

이것이 의미하는 바는 행복은 결국 타인이 주는 것이 아니라 내 안에서 찾아야 한다는 점입니다. 나에게 행복을 줄 수 있을 것 같은 사람이나 조건, 환경 등을 찾아다니는 것이 아무런 소용이 없는 이유가 바로 이것입니다. 행복이란 각자 그 의미가 다르고 원하는 모양새가 있으나 정확히 무엇인지를 모르기 때문에 못 찾는다는 것이 더 정답일 것입니다. 행복은 지극히 주관적이며, 그 주관을 결정하는 주체는 바로 '나 자신'입니다.

당신이 정의한 행복은 무엇이었습니까? 당신의 행복 정의는 앞서 예로 든 답변 중 어디에 더 가깝습니까? 만약 예시 중 '하루하루가 기쁘고 즐거움으로 가득한 것' 또는 '매일, 아무런 걱정이 없이 좋은 일만 가득한 것' 등과 유사한 정의를 내렸다면 행복감을 느끼기가 어렵습니다. 왜냐하면 이와 같은 정의는 너무 이상적이고 높은 기준이기 때문에 그렇습니다.

우리의 삶이라는 것이 매일 또는 하루가 기쁨과 즐거움으로 가득 차거나 아무런 걱정 없이 살기는 매우 어렵습니다. 실제 삶이란 다사다난하며 희로애락이 가득한 역동적이고 드라마틱한 일상들이 계속되기 때문입니다. 그중에서도 기쁨과 즐거움이 가득하고, 아무런 걱정이 없는 상태 혹은 좋은 일만 가득하기란 극히 어렵습니다.

역으로 생각해 보면 여러분들의 삶에서 이처럼 하루하루가 항상 기쁘고 즐거움이 가득하고 아무런 걱정이 없었던 기간이 얼마나 되나요? 혹은 여러분 주변에 걱정거리가 하나도 없이 매일매일이 항상 기쁘고 즐거움이 가득한 사람을 보셨나요? 아마도 쉽게 찾기 어려울뿐더러 사는 내내 이런 상태를 유지하는 사람을 찾기는 더더욱 어려울 것입니다. 행복은 주관적인 판단에 의해서 결정됩니다. 그런데 주관적 판단을 하는 기준 자체가 너무 이상적이거나 비현실적이라면 행복하기 어렵습니다.

행복은 정서적이다

행복의 두 번째 특징은 정서적이라는 것입니다. 행복 또는 행복감은 우리가 경험하는 감정 중 하나입니다. 순간순간의 느낌이 모여서 좀 더 안정적이고 지속적인 감정을 느끼게 되며, 행복은 이와 같은 감정적 상태를 칭하는 표현입니다. 그래서 우리가 매일매일의 기분 상태를 점검하는 것이 행복을 만드는 데 있어서 중요한 요소가 되는 것입니다.

이는 소위 '행복한 사람'의 이미지를 떠올려보면 금방 알

수 있습니다. 행복한 사람을 상상했을 때 딱딱하고 굳은 인상을 하고 있거나 무표정한 사람을 떠올리지는 않을 것입니다. 환하게 웃고 있거나 은은한 미소를 짓고 있는 사람 또는 편안한 얼굴을 하고 있는 사람을 떠올리는 것이 자연스럽습니다. 만약 "저는 지금 행복합니다. 아주 행복합니다. 내 생활의 모든 측면에서 행복감을 느끼고 있습니다"라고 주장하는 사람이 무표정한 얼굴과 차가운 목소리로 말한다면 이 사람이 진짜 행복하다고 느끼게 될까요, 아니면 '진짜 행복한 거 맞아?'라는 의구심을 가지게 될까요?

이처럼 행복은 기본적으로 정서적인 속성을 가지고 있습니다. 그래서 우리가 행복하기 위해서는 매일 자신의 기분과 감정을 자주 체크하고 관리하는 것이 필요합니다. 매일매일 또는 특정 순간순간의 기분들이 쌓이고 쌓여서 총체적인 행복감을 만들어 냅니다. 역으로 보면 매일매일 또는 특정 순간순간의 기분들을 모른다면 행복감도 느낄 수가 없습니다.

다만 감정이라는 것은 눈으로 확인하기 어려운 심리적 속성입니다. 그래서 감정 평가법과 같이 심리적 속성이지만 이를 양적으로 표현하는 습관을 들이면 훨씬 더 효과적으로 행복을 인식하고 관리할 수 있습니다.

행복은 생각에 기반한 감정이다

행복의 세 번째 특징은 생각과 평가를 포함하고 있다는 것입니다. 행복에 대한 여러 가지 정의가 있으나 심리학에서는 '자신이 원하고 바라던 것을 이루었을 때 느끼는 감정'이라고 정의합니다. 즉 '내가 원하고 바라는 것'에 대한 기대와 '원하고 바라던 것을 이루었는가?'에 대한 평가를 포함합니다. 그리고 이와 같은 '내가 원하고 바라는 것'을 행복의 조건이라고 합니다.

'내가 원하고 바라던 것을 이루었다!'라고 느끼는 순간에는 행복감을 느끼게 됩니다. 예를 들어 내가 좋아하고 사랑하는 사람과 결혼을 하고 싶었다면, 그 사람과의 결혼이 성사되었을 때 큰 행복감을 느낍니다. 또한 자신이 원하던 학교에 입학하게 된다면 역시 강렬한 행복감을 느낄 수 있습니다. 이처럼 '내가 원하고 바라는 것'을 명확히 하고, '그것을 이루었는지'에 대한 평가를 통해서 우리의 행복감을 조절할 수 있습니다.

　그런데 행복의 조건으로 전제하고 있는 '내가 원하고 바라는 것'이 불가능하고 비현실적인 것이거나 내가 통제할 수 없는 문제라면 행복감이 떨어지게 됩니다. '적어도 재산이 100억 원은 있어야 행복한 거야!'라고 생각한다면 아마 평생 행복감을 느끼지 못하고 돈에만 집착하다가 지치는 결과를 낳게 될 것입니다. 또한 자녀가 건강하고 밝은 성격으로 자라기를 바라는 것이 아니라 적어도 전교 5등 안에 들고, 최상위권의 대학을 들어가야만 하며, 대기업에 입사해야 한다고 생각하는 부모는 행복하기 어렵습니다. 왜냐하면 자녀의 지적 수준을 고려하지 않고, 자녀의 적성과 희망을 고려하지 않았으며, 너무 먼 미래에나 확인할 수 있는 기대를 가지고 있기 때문입니다.

　이처럼 행복은 좀 더 복잡하고 정교한 인지적 처리 과정을 내포하고 있습니다. 만약 행복의 조건이 너무 까다롭거나 비현실적이고, 내가 노력해서 되는 것이 아니라 내가 원하는 대로 환경이 만들어지거나 타인이 내가 요구하는 대로 행동해 주기를 바라게 된다면 행복하기 어렵습니다.

1970년 노벨 경제학상 수상자인 폴 새뮤얼슨(Paul Samuelson) 교수는 아주 명쾌한 행복 공식을 제안했습니다. 그는 행복이란 소비를 욕구로 나눈 것(Happiness equals consumption divided by desire)이라고 정의했습니다. 그는 경제학자답게 내적 욕구와 소비를 통한 만족으로 비유해 행복을 정의했습니다. 이런 비유를 통해 원하는 것에 비해 소비가 많으면 행복이 증가하지만 원하는 만큼의 소비 또는 소유를 하지 못하면 행복감은 줄어든다고 했습니다.

$$\text{행복} = \frac{\text{심리적 성취와 만족}}{\text{심리적 욕구 또는 희망}}$$

간단히 말해서 사고 싶고 원하는 것이 있는데 그것을 충분히 사거나 소유할 수 있는 능력이 있다면 행복감은 증가하는 반면에 사고 싶은 것이 많은데 실제로 그것을 살 수 없다면 행복감은 감소한다고 보는 것입니다. 즉, 절대적인 행복이 존재하는 것이 아니라 본인의 내적인 소비 요구와 실제 소비를 통한 만족감과 성취의 비율로 본 것입니다.

이를 좀 더 심리학적 관점에서 재정의한다면 심리적인 욕구 또는 희망(psychological desire)과 심리적인 성취와 만족(psychological achievement) 간의 관계로 볼 수 있습니다. 즉 행복이란 한 사람의 심리적 성취를 그 사람이 원하고 바라는 수준으로 나누는 것입니다. 만약 심리적인 희망이나 욕구가 강하거나 실제로는 실현 불가능한 것들이라면 행복하기 어렵습니다. 반면 심리적인 욕구나 희망이 작거나 심리학적 성취나 만족이 크다면 행복감이 높아질 수 있습니다.

예를 들어 자녀가 반에서 5등 안에만 들어도 좋겠다고 생각하는 부모와 자녀가 반드시 전교 5등 안에는 들어야 한다고 생각하는 부모의 행복감은 서로 다를 것입니다. 또한 똑같이 월 500만 원의 급여를 받는다고 하더라도 최소한의 생활이 유지될 정도의 생계유지비 수준의 급여를 희망하는 사람과 적어도 연봉 1억 원은 받아야 한다고 생각하는 사람의 행복감도 다를 것입니다.

이와 같은 논리는 심리적인 측면에서도 적용될 수 있습니다. 만약 주변 사람들 모두와 좋은 관계를 맺어야만 한다고 생각하는 사람은 대인관계에서 아무리 긍정적이고 우호적인 관계를 유지한다고 하더라도 스트레스를 받게 될 가능성이 높습니다. 왜냐하면 10명 중 10명 모두와 좋은 관계를 맺는 것은 거의 불가능하기 때문입니다. 하지만 주변 사람들 중 나와 코드와 성격이 맞는 사람들과는 좋은 관계를 맺을 수 있으나 그렇지 않은 사람들과는 최소한의 형식적인 관계만을 맺어도 된다는 합리적 기대를 가지고 있는 사람은 대인관계에서 만족감을 가지고 행복할 가능성이 높습니다. 왜냐하면 진짜 친하고 마음이 맞는 서너 명의 사람만 있어도 자신의 기대나 요구를 이미 충족했기 때문입니다.

나만의 행복 만들기

행복은 기본적으로 주관적이며, 정서적이고, 자신의 경험과 가치를 포함하는 생각들이 복합적으로 작용해 경험하는 심리적 현상입니다. 따라서 나만의 진정한 행복을 위해서는 내가 원하고 바라는 것은 무엇인지를 정확히 알아야 합니다. 또한 얼마나 만족하고 얼마나 이루었는지에 대한 객관적이고 중립적인 평가가 이루어져야 합니다. 만약 이룰 수 없는 이상적이고 비현실적인 내적 요구가 많다면 행복하기 어려울 것이며, 아무리 많은 성취가 있더라도 행복에 목마르고 불행하다고 느낄 것입니다. 반면에 내가 원하고 이룬 것들을 하나씩 확인하고, 목표를 이루는 과정에서 했던 자신의 노력과 실행을 칭찬하고 성취감을 만끽한다면 보다 행복할 수 있습니다.

이와 같은 행복의 속성에 대해 정확히 알지 못한다면 엉뚱한 곳에서 잘못된 방법을 쓰면서 방황하게 됩니다. 그리고 이와 같은 잘못된 방법으로 얻은 행복은 안정적으로 지속되기 어려우며, 일시적인 착각에 해당하기 때문에 금방 깨지거나 사라져 버리고 공허함만 남을 수밖에 없습니다.

우리가 진정 행복하기 위해서는 내가 생각하는 행복이 무언지 정확히 알아야 하며, 내가 생각하는 행복의 조건과 전제는 무엇인지를 확인해야 합니다. 또한 감정으로서의 행복을 세심하게 모니터링하고 관리하기 위한 구체적인 방법들을 알고, 이를 생활 속에서 실행해야만 합니다. 그래야만 우리는 진정한 행복을 만들 수 있습니다.

이제 다시 당신이 정의했던 행복으로 돌아가 기록했던 내용을 살펴보시기 바랍니다. 혹시라도 행복에 대한 정의가 너무 이상적이거나 비현실적이지는 않습니까? 아니면 충분히 균형적이고 건강한 정의라고 볼 수 있습니까? 또한 당신이 생각했던 행복의 조건들을 검토해 보시기 바랍니다. 그중 지나치게 과한 심리적인 요구나 희망이라고 생각되는 것들이 있습니까? 아니면 나의 노력과 실행을 통해서 충분히 성취할 수 있는 것들인가요?

이처럼 자신이 정의하는 주관적인 행복과 더불어 성취감과 만족감 또는 결핍과 목마름을 결정하는 심리적 욕구와 성취 간의 균형을 살펴봄으로써 자신의 행복을 정확하게 인식하고 관리할 수 있습니다. 만약 이 글을 읽고 나서 당신의 생각이 달라졌다면 행복의 정의와 조건을 그에 맞추어 바꾸어 보시기 바랍니다. 아마 여러분의 행복감도 다르게 느껴질 것입니다.

Chapter 7

행복에 대한 착각과 오해들

불행하다고 생각하는 내담자와의 상담 이야기

다음의 대화는 불행하다고 생각하며 행복하기를 원한다는 내담자와의 상담 이야기입니다. 다음의 대화를 읽으면서 어떤 느낌이 드는지 생각해 보세요.

불행이: 저는 왜 이리 불행하죠? 전혀 행복하지 않아요. 왜 제 인생만 이렇죠?

상담자: 왜 불행하다고 생각하는 거죠?

불행이: 남들은 다 행복하게 웃고 즐겁게 살잖아요. 그런데 저에게는 항상 나쁜 일만 생기고… 웃을 일도 없고… 계속 우울하기만 한데요…. 그럼 불행한 거죠….

상담자: 그럼 정말로 행복했던 적은 없어요?

불행이: 네, 제 기억이 있는 한 저는 항상 불행했던 것 같아요. 저한테는 무슨 불행 유전자가 있는 거 아닌가 하는 생각을 해요. 태어나서부터 지금까지 내내 불행했던 것 같거든요.

상담자: 그렇다면 어떻게 해야 행복할 수 있을 것 같아요?

불행이: 글쎄요…. 그걸 모르니 제가 선생님을 찾아온 거죠. 도대체 어떻게 해야 행복해질 수 있는지….

상담자: 그래도 본인이 상상하고 꿈꾸는 행복이 있을 거 아니에요?

불행이: 음… 글쎄요… 그런 생각은 안 해봤는데… 그냥 돈이 많으면 좋겠어요. 드라마 같은 거 보면 돈 많은 사람과 결혼하면 좋은 집, 좋은 차를 타면서 우아하게 백화점에서 쇼핑하면서 럭셔리하게 살잖아요? 그럼 행복하지 않을까요?

상담자: 그럼 돈을 많이 벌면 되잖아요? 돈을 벌기 위해서 어떤 노력을 했죠?

불행이: 돈을 많이 벌려면 좋은 직장에 들어가야겠죠? 근데 저는 우울하고 힘들어서 취업 준비도 제대로 못했어

요. 그것도 돈이 있어야 하는 거잖아요. 우리 집은 그런 돈도 없어요….

상담자: 그럼 어떻게 할 거예요? 행복하려면 돈이 있어야 하는데, 돈을 벌려면 좋은 직장에 들어가야 하잖아요. 본인의 행복을 위해서 구체적으로 어떤 노력을 했죠?

불행이: 제가 스스로 노력할 수 있었으면 선생님을 찾아왔겠어요? 그럼 혼자 해결하고 행복하게 잘 살았겠죠…. 저는 지금 그럴 만한 힘도 에너지도 없다니까요…. 정말 누가 저를 좀 구원해 주었으면 좋겠어요.

'찐 & 진심으로 & 진지하게' 행복을 원하는가

사람들은 행복하고 싶어 합니다. 그래서 돈을 많이 벌고 싶어 하며, 좋은 차를 타고 싶어 합니다. 또한 좋은 직장을 얻고 높은 수준의 급여와 복지 혜택을 얻기 위해 노력합니다. 때로는 좋은 애인이나 배우자를 만나고 싶어 하며, 잘생겼을 뿐만 아니라 키도 크고 스마트하고 샤프한 매력을 가지고 있으면서도 자상함과 따뜻함을 겸비하고 있기를 바람니다. 그런데 이와 같은 희망과 바램을 가진다고 저절로 행복이 오지는 않습니다. 행복을 만들어 내기 위한 실제적인 노력과 실행이 뒤따라야만 합니다.

예를 들어 "결혼하고 싶어요!"라고 말하는 사람의 경우에도 희망하는 정도와 진지함에서는 큰 차이를 보입니다. 어떤 사람은 기회가 되면 결혼을 하겠다고 생각하지만 실제로 결혼 대상자를 물색하거나 결혼하면 닥치게 될 현실적인 준비는 전혀 하지 않는 경우들도 있을 것입니다.

반면 진지하게, 간절히 결혼을 바라는 사람은 선을 보거나 소개팅을 하고, 결혼정보회사에 등록해 배우자감을 만나는 활동부터 열심히 할 것입니다. 그리고 결혼식이나 혼수 등을 위해 경제적 여력이 어느 정도이고, 모자란 비용은 어떻게 구할 것인지 등과 같은 결혼 과정과 결혼 후 닥치게 될 여러 가지 일들에 대해서도 생각하고 고민할 것입니다.

결혼을 하고 싶다고는 하지만 결혼에 대한 진지함과 간절함이 없다면 결혼에 성공할 가능성은 낮아집니다. 진지하고 간절하게 결혼을 바라기 때문에 많은 투자와 노력을 한 사람은 그 결과 바라던 결혼에 도달할 가능성이 높아집니다.

행복도 마찬가지입니다. 행복을 바라더라도 진지함과 간절함이 없다면 행복이 오지 않음에 대해서 불평하는 수준에 그칠 것이며, 진지하고 간절하게 행복을 원하고 바라는 사람은 행복하기 위한 노력과 실행에 집중할 것입니다. 적어도 행복에 대한 진지한 고민과 태도, 그리고 행복을 바라는 간절한 마음이 없다고 하면 행복을 이루기도 어려울 뿐 아니라 행복이 찾아온다고 해도 즐겁게 만끽하지 못할 수 있습니다.

행복은 무엇인지, 내가 생각하고 바라는 행복은 무엇인지, 그리고 그런 행복을 이룰 수 있는 현실적인 방안들에 대한 고민을 바탕으로 목표를 세우고, 목표를 달성하기 위한 노력을 스스로 하지 않는다면 행복하기 어렵습니다. 이와 같은 노력에는 행복에 대한 잘못된 생각과 편견을 바로잡는 것 또한 포함됩니다. 과연 행복과 관련해 어떤 오해와 편견이 있고, 이는 어떻게 해결해야 할까요?

돈이 많으면 정말 행복할까?

　사람들의 흔한 착각 중 하나가 돈이 많으면 행복할 것이라는 생각입니다. 혹은 좋은 직장에 들어가서 많은 급여를 받으면 행복할 것이라고 생각합니다. 반면에 복잡한 세상에서 스트레스 받는 일투성이인 환경에서는 행복할 수 없다고 단정해 버리기도 합니다. 즉, 우리는 좋은 환경과 외적인 조건들이 행복을 준다고 생각합니다. 과연 이 말은 진실일까요?

　행복에 대한 여러 가지 이론과 개인적 특성, 환경 조건과의 관계를 설명하는 개념이 있습니다. 2002년 영국의 심리학자 로스웰(Rothwell)과 코헨(Cohen)은 18년 동안 1,000명의 대상자에게 80가지 상황에서 대상자들을 더 행복하게 만드는 요소를 조사하고 데이터를 분석했습니다. 그 결과 인생관, 적응력, 유연성 등과 같은 개인적 특성(P, Personal), 건강, 돈, 인간관계 등과 같은 환경적 요소(E, Existence), 야망, 자존감, 기대, 유머와 같은 고차원의 상태(H, Higher Order) 등 행복의 세 가지 요소를 도출해 냈습니다. 그리고 세 가지 요소의 관계를 통해 다음 공식을 발표했습니다.

$$행복 = (1 \times P) + (5 \times E) + (3 \times H)$$

개인적   환경적   고차원의
특성   요소   상태

이 공식에 근거하면 우리가 느끼는 행복에서 외적이고 환경적인 조건이 '5'의 가중치를 가지는 가장 중요한 요소이며, 오히려 개인적인 특성은 '1'의 가중치를 가지는 가장 낮은 영향을 미치는 요소입니다. 이렇게 보면 '역시 행복에는 환경적 요소가 가장 중요하다는 얘기구만! 역시 돈이 중요해!!'라는 결론을 내리는 분도 있을 것입니다.

그러나 이 공식은 사람들이 주관적으로 느끼는 현상에 중점을 둔 것입니다. 나만의 행복 만들기라는 과정적 측면을 고려한 미래지향적 관점에서 보면 다른 결론을 내릴 수 있습니다. 이 공식에서 가장 중요하다고 선정한 환경적 요소들은 대부분 나의 노력이나 실행과는 상관이 낮은 물리적이고 객관적인 실체인 통제나 조절이 어려운 요소(Uncontrollable)에 해당합니다. 대신에 '1'의 가중치를 가지고 있는 개인적 특성과 '3'의 가중치를 가지고 있는 고차원적

상태 등은 심리적이고 가변적인 요소로써 나의 노력과 행동을 통해서 충분히 늘려 나갈 수 있는 요소(스스로 조절하고 통제가 가능한 요소, Controllable)에 해당합니다.

이와 같은 관점에서 보면 돈과 같은 요소가 환경적인 현재의 행복을 설명하는 데에는 도움이 될지 몰라도 내가 스스로 행복을 만드는 과정에서 그리 중요한 요소는 아닙니다. 돈과 같은 외적인 요소나 환경적 조건들이 사람들의 주관적인 행복에 영향을 끼치는 것은 맞습니다. 하지만 이는 충분조건일 뿐 필수조건은 아닙니다. 오히려 나의 행복을 조절하는 데 있어서 더 중요하고 핵심적인 필수조건은 나만의 행복을 만들고자 하는 노력과 실행, 그리고 그 결과로 만들어진 개인적 특성(P)과 고차원적 상태(H)임을 잊지 말아야 합니다.

예를 들면, '지금 돈을 얼마나 가지고 있는가?' 등과 같은 보유하고 있는 돈의 양보다는 '이 돈을 가지고 무엇을 할 것인가?' 또는 '이 돈을 가지고 어떻게 사용할 것인가?' 등과 같이 돈을 사용하는 방법에서 더 행복감을 느끼게 되는 법입니다.

백마 탄 왕자님을 만나면 행복할까?

　절대로 실패하지 않는 드라마의 성공 법칙 중 하나는 '신데렐라 판타지'입니다. 어렵고 힘든 상황에 처해 있는 여주인공 앞에 백마 탄 왕자님이 갑자기 나타나서 바라고 원하던 부와 명예를 얻게 되어 인생이 뒤바뀌고 행복해진다는 스토리입니다. 여주인공은 백마 탄 왕자님에게 의존하고 싶어 하지 않고 독립성을 추구하나, 왕자님의 진정성을 받아들여 사랑이 이루어진다는 나름대로의 합리화를 시도하기는 합니다.

　과연 이처럼 타인의 도움이나 지원 또는 환경으로부터 제공되는 행복은 '찐 행복'일 수 있을까요? 혹은 이와 같은 일이 가능은 한 걸까요? 물론 확률은 낮지만 로또 당첨과 같이 가능할 수도 있을 것입니다. 아니면 백마 탄 왕자 수준의 모든 것을 갖춘 완벽한 이성이나 귀인이 나타나서 나를 구제해 주고 도움을 주어 내가 바라고 원하던 행복을 이룰 수도 있을 것입니다. 그런데 그 과정에서 자신의 노력이나 성장이 동반되지 않는다면 그것은 단지 전적으로 백마 탄 왕자님의 선택에만 의지하는 조건적 행복이 됩니다.

같은 10억을 가지고 있다고 하더라도, 길거리를 다니다가 10억을 줍거나 로또로 10억에 당첨된 경우와 하루하루 열심히 노력하고 아껴서 10억을 모은 경우가 모두 같은 결과를 가져올까요? 아마도 그렇지 않을 것입니다. 10억을 순수한 횡재로 얻거나 아니면 로또와 같은 불가능에 가까운 행운을 통해서 얻은 경우에는 돈을 흥청망청 쓰거나 10억의 소중함을 모를 수 있습니다. 게다가 성실하게 10억을 모은 사람만큼 관리하지 못할 것이며, 이후에도 계속해서 10억 이상의 돈을 벌 수 있는지는 다른 문제가 됩니다.

반면에 10억을 스스로 노력해 번 사람의 경우에는 10억을 모은 과정에서 오는 성취감은 행복감에 긍정적인 영향을 줄 것임에 틀림없습니다. 그리고 그렇게 모은 10억을 가지고 우리 가족이 안락하게 생활할 수 있는 '스위트 홈!'을 사서 가족 모두와 즐거운 식사를 한다면 그것은 진정 행복한 것이 맞습니다. 그리고 10억을 모으는 과정에서 얻게 된 삶의 지혜와 노력하는 방식, 그리고 그 과정에서 만나게 된 사람들과의 긍정적인 대인관계와 교류가 행복의 밑거름이 됩니다.

즉, 백마 탄 왕자님이나 10억의 돈 자체가 행복을 주지는 않습니다. 어떤 내용이나 과정으로 이루어졌건 '누군가가 나에게 행복을 가져다 준다'는 기본적인 프레임은 행복에 큰 도움이 되지 않습니다. 행복을 얻는 데 있어서 외적인 환경에 의존하는 것도 마찬가지입니다. 물론 아무도 내 행복을 도와주지 않거나 행복에 도움될 환경적 요소들이 전혀 없는 것보다는 나을 것입니다. 하지만 '나의 행복을 가져다줄 누군가가 반드시 나타날 거야!' 혹은 '나의 행복을 타인 또는 환경 변화에만 의존'하는 태도는 나만의 행복을 만드는 데 있어서 큰 장애물이며 헛된 기대가 됩니다.

깊은 어두움 속에서
행복이라는 등불은 더욱 빛난다

요즘 세상이 시끄럽습니다. 사건 사고도 많으며 경제적으로 너무 어렵다고들 합니다. 사람들은 아주 예민해져 있으며 툭하면 서로 대립하고 갈등합니다. 엉뚱한 사람들에게

진상을 부리는 일도 허다합니다. 게다가 취업마저도 어려운 현실이라 좋은 직장에서 좋은 급여는 고사하고 기본적인 생계를 걱정해야 하는 일도 다반사입니다. 과연 이런 상황에서도 행복이라는 것이 가능키는 한 것일까요?

행복의 정의에서 살펴보았듯이 행복은 기본적으로 정서적인 속성을 가지고 있습니다. 그리고 하루하루의 감정들이 모여 행복이라는 감정을 가져오게 됩니다. 따라서 상황적인 스트레스나 주관적인 불편감 또는 심리적인 어려움이 있다면 큰 행복을 경험하는 데 방해가 될 수는 있습니다. 하지만 그 안에서도 충분히 행복이라는 마음의 등불은 밝힐 수 있습니다. 오히려 환하고 밝은 대낮이나 화려한 조명 아래의 등불보다 더욱더 빛날 수 있으며, 평상시 깨닫지 못하던 등불의 가치를 느낄 수 있습니다.

취업이 어려울 수 있습니다. 하지만 같이 스터디를 하면서 노력하는 친구들과 서로 위로하고 지지하며 어려운 시절을 버티며 노력한다면, 바라던 직장에 들어갈 수도 있고 그보다는 못하더라도 취업의 기쁨을 나누며 어렵고 힘들었던 때를 되돌아보는 날이 올 것입니다. 내 마음이 힘들고 지쳐서 아무것도 하기 싫더라도 하루하루의 기분을 살피면서 더 이상의 우울함에 휩쓸리지 않도록 노력하거나 작은 즐거움이라도 유지하고자 노력하는 것이 필요합니다.

더는 희망이 없다는 생각에 절망과 좌절에 빠질 때 잠시 현실을 잊고 성공을 이룬 미래를 상상해 보십시오. 지친 마음과 영혼이 잠시 쉬어가는 휴식을 얻을 수 있고, 이는 다시금 기운 내서 새로운 시작을 하는 데 도움이 될 것입니다. 오히려 백마 탄 왕자님을 기다리거나 '누군가가 나에게 큰 돈을 주면 행복할 텐데'라고 생각하면서 아무런 노력과 실행을 하지 않는 것은 결국 더 깊은 불행의 늪에 자신을 던지는 것과 마찬가지입니다.

스트레스는 성공의 그림자입니다. 의미 있고 가치 있는 성공을 이루기 위해서는 스트레스와 긴장이 수반되는 과정을 견뎌야 합니다. 살면서 겪는 정서적 어려움이나 문제로 인한 마음의 고통은 필연적입니다. 하지만 이와 같은 마음의 어려움은 행복의 소중함을 느끼고 더 큰 행복감을 느끼게 하는 원인이 됩니다. 마음속에 희망과 행복의 싹을 키우며 이를 견디는 자만이 다가올 큰 행복의 기쁨과 만족을 한껏 누릴 수 있습니다.

준비된 자에게 행복이 온다

당신은 행복할 준비가 되어 있습니까? 당신은 행복을 얻고자 하는 진지한 태도와 마음가짐을 가지고 있습니까? 당신은 '찐 행복'이 아닌 조건적 행복이나 행복을 주는 환경적 요소만을 찾아 방황하고 있지는 않습니까? 당신은 어쩔 수 없이 겪게 되는 삶 속에서의 어려움이나 스트레스로 인해서 지금도 가지고 있는 행복을 놓치고 있지는 않습니까?

우리가 행복하기 위해서 가장 먼저 해야 할 활동은 행복에 대한 관심과 민감성을 높이는 일입니다. 행복에 대해 관심을 가지지 않으면서 행복해질 수 있는 방법은 없습니다. 행복에 대해서 충분한 관심을 가지지 않는다면 실제로는 충분히 행복할 수 있음에도 불구하고 행복을 느끼지 못할 수도 있습니다. 하지만 이와 같이 행복을 체크하는 것만으로는 아직 부족합니다.

행복에 대해서 보다 정확하게 이해하고 알아야 하며, 나의 행복감을 높일 줄 알아야 합니다. 혹시라도 잘못되거나 문제가 있는 부분이 있다면 이를 적극적으로 개선하고 해결해야 합니다. 이를 위해 살펴봐야 할 세 가지는 다음과 같습니다.

❶ 행복에 대한 태도: 나는 행복에 대해 충분한 관심을 가지고 있으며, 올바르고 건강한 태도를 가지고 있는가?

❷ 조건적 행복: 행복을 위해 필요하다고 생각하는 조건들은 무엇이며, 이와 같은 조건들은 합리적이고 객관적인 측면에서 타당한 것들인가?

❸ 행복 유능감: 자신을 행복으로 이끌어 가고, 행복을 방해할 수 있는 여러 가지 여건으로부터 자신을 보호할 수 있는 능력 또는 자신감을 보유하고 있는가?

Chapter 8

행복하기 위한 마음의 힘

행복을 위한 마음 관리

세상을 잘 살아가고 행복하기 위해서 꼭 필요한 여러 가지 심리적 요소들이 있습니다. 개인적으로는 이를 통칭해 '마음의 힘' 또는 '심(리)력(心理力)'이라고 부릅니다. 이와 같은 마음의 힘은 다양한 관점에서 분류하거나 정의할 수 있습니다. 공부를 잘하기 위한 마음의 힘, 대인관계를 잘하기 위한 마음의 힘, 일이나 사회적으로 성공하기 위한 마음의 힘 등 다양한 측면에서 필요한 능력들이 다 다릅니다.

그런데 어떤 영역이나 활동에서든 기본적으로 필요한 마음의 힘이 있습니다. 이것들이 갖추어지지 않는다면 어떤 일이나 활동에서도 만족한 결과를 이루거나 성공하기 어렵고 인생을 살면서 실패와 좌절의 나락으로 떨어지기 쉽습니다. 이는 행복과 직결되는 중요한 요소들로써 행복을 얻고 유지하기 위해서는 반드시 필요한 능력들입니다. 이와 같은 필수적이고 기본적인 5가지 마음의 힘은 다음과 같습니다.

❶ 주의력·집중력: 관심을 가지고 주의를 유지하는 힘
❷ 사고력: 생각하는 힘
❸ 감수성: 감정을 인식하고 관리하는 힘
❹ 실행력·행동력: 목표를 달성하기 위해 행동하는 힘
❺ 자기 치유력: 다친 마음을 치유하는 힘

　이 5가지 마음의 힘은 행복하기 위해 필요한 자기 감정 인식과 마음에 대한 힐링과 케어, 일에서의 성장과 성공, 만족스러운 대인관계, 갈등 관리와 해결 등에 필요한 능력들입니다. 이와 같은 능력 중 특정 능력에 결핍이나 문제가 있다면 온전하고 균형적인 행복을 얻기 어려울 수 있습니다.

관심을 가지고 주의를 유지하는 힘
: 주의력·집중력

아마도 많은 분들의 예상과는 다르고 다소 엉뚱해 보일지 모르겠지만 사람에게 필요한 기본적인 능력 중에서도 가장 기본적인 능력은 '주의집중력'입니다. 주의집중력이란 어떤 일에 관심을 가지고 주의를 유지하는 힘이라고 정의할 수 있습니다. 이는 모든 정신적 활동의 기본이 되는 마음의 힘이며, 대부분의 심리적 활동의 바탕이 되는 필수적 요소입니다.

좋은 성적을 받기 위해서는 공부를 해야 합니다. 이를 위해 집중해서 학습하는 과정은 필수적인 선제 조건입니다. 사람과 좋은 관계를 맺기 위해서는 그 사람과 대화와 소통을 하며 관계를 유지하는 최소한의 시간과 경험이 필요합니다. 우리가 원하는 목표를 달성하기 위해서는 목표 달성을 위해 필요한 각 단계와 과정들이 있는데, 그것을 단계적으로 진행하는 과정이 필수적입니다. 이 모든 활동의 기본이 되는 것이 바로 주의집중력이며, 대부분의 심리적 활동의 주춧돌과 같은 기능을 합니다.

지속적으로 주의력과 집중력에 문제가 있는 심리장애를 ADHD(Attention Deficit & Hyperactivity Disorder, 주의력 결핍 및 과잉활동 장애)라고 합니다. 심리적인 스트레스가 증가되거나 정서적 어려움이 있는 경우에도 주의집중력이 떨어집니다. 아직 젊은 나이임에도 불구하고 가끔 '치매가 왔나?' 하는 걱정이 될 정도로 기억력이 떨어진다고 느껴지는 경우들이 있습니다. 이는 치매와 같이 기억력 자체의 문제가 생긴 것이 아니라 다양한 활동이나 기타 심리적인 원인에 기인해 주의집중력이 떨어지는 것이 원인인 경우가 많습니다. 머리가 아무리 좋고 뛰어난 능력을 가지고 있더라도 주의집중력이 떨어지면 학습효율성은 떨어질 수밖에 없으며 좋은 성적을 받기 어렵습니다. 업무를 할 때도 마찬가지입니다.

이처럼 주의집중력은 기본적으로 필요한 마음의 힘 중 하나이며, 기본적인 마음의 힘 중에서도 가장 기본적인 마음의 힘입니다! 특히 행복과 관련해서 자신의 마음 상태에 대한 관심을 유지하고 관리하는 것은 물론 행복에 영향을 미치는 일과 사람과의 관계를 유지하고 관리하는 가장 밑바탕이 되는 마음의 힘입니다.

생각하는 힘: 사고력

인간을 나타내는 다양한 표현 중 대표적인 것은 '호모 사피엔스', 즉 생각하는 사람입니다. 생각하는 능력, 즉 사고력은 인간의 가장 독특한 특징이며 다른 동물들과 차별화되는 핵심적 포인트이기도 합니다. 사고란 다양한 측면들을 고려하고 반영해 이치를 따져보는 능력이라고 정의할 수 있습니다. 그리고 그 안에는 이치를 따지는 데 필요한 내적인 원칙이나 신념, 기준 등을 포함하고 있습니다.

그래서 사고력에는 인간의 다양한 행동적·문화적 특징들이 모두 포괄되어 있다고 보는 것이 적절합니다. 만약 이와 같은 사고력이 없다면 인간은 다른 동물과의 차별점이 없다고 볼 수 있습니다. 우리가 흔히 말하는 '생각 없는 사람'은 언행이 신중하지 않고 행동으로 인한 장기적인 결과를 예측하지 않고 즉흥적으로 행동하는 사람을 말합니다. 물론 생각없이 하는 행동 모두가 문제인 것은 아니지만 상당수의 문제들은 생각없이 하는 행동이나 즉흥적인 행동으로 인해 발생합니다.

이처럼 사고력이라는 것은 인간을 인간답게 만드는 기본적인 마음의 힘입니다. 생각이 너무 없거나 너무 많아도 모두 문제가 될 수 있습니다. 생각 없이 행동해 사고를 치거나 행동 결과를 고려하지 않는 것도 문제이며, 사회적 규범이나 관습 혹은 상황에 적절한지에 대한 판단 없이 행동하게 되면 문제를 일으키거나 주변과의 갈등이 발생하게 됩니다.

이처럼 생각이 없는 경우에는 당연히 문제라고 여기지만 생각이 너무 많은 경우에도 문제가 발생할 수 있습니다. 과잉 사고로 인한 대표적인 문제는 과거 일에 대해 너무 많이 생각하고 후회하며 자책하는 경우입니다. 물론 건강한 수준의 후회와 반성은 더 나은 대안을 통해 발전하고 성장하기 위해 필수적으로 거쳐야 하는 단계입니다. 그러나 후회와 반성이 과하면 과거에서 벗어나지 못하고 후회와 자책에 점

점 빠져드는 문제를 보일 수 있습니다.

　생각이 너무 많거나 적은 경우와 더불어 편향된 생각을 하는 것도 문제가 됩니다. 부정 편향된 생각을 지나치게 많이 하면 우울증이나 불안장애와 같은 심리장애에 빠지기 쉽습니다. 특히 과한 생각이나 걱정의 내용이 신체적인 문제에 집중되는 경우를 건강염려증이라고 부르기도 합니다.

　적절한 수준으로 생각하면서, 동시에 균형적이고 합리적인 사고를 하는 것은 필수적인 심리활동입니다. 이와 같은 사고력에 문제가 생기면 다양한 행동적 문제들이나 정서적인 문제들이 발생하게 됩니다.

감정을 인식하고 관리하는 힘: 감수성

　감정은 생각하는 능력과 더불어 기본적인 심리적 활동으로써, 특히 심리적 상태 및 대인관계와 밀접한 관계가 있습니다. 감정은 주로 마음의 상태를 말하는 것으로 희로애락(喜怒哀樂)이라고 하는 다양한 심리적 상태 수준과 특성을 말합니다. 감수성이라는 것은 이와 같은 감정들을 정확하게 인식하고 느끼며, 이를 관리하고 다룰 수 있는 총체적인 능력을 지칭하는 말입니다.

감정은 인식하는 단계와 처리하는 단계, 그리고 이를 표현하거나 해결하는 단계 등 3단계 과정으로 구성됩니다. 칭찬을 받았다면 기쁘고 즐거운 감정을 느끼는 것이 당연하며, 상실이나 갈등을 겪는다면 우울하거나 분노를 경험하는 것이 자연스러운 과정입니다. 또한 즐거움과 기쁨을 느낀다면 적극적인 활동과 접근성(특히 대인관계에서)이 증가하며, 상황을 해석하거나 받아들이는 것도 긍정적이고 우호적으로 받아들이기 쉽습니다. 반면에 우울하면 위축되거나 회피적인 행동을 보이며, 화가 나는 경우에는 공격적인 행동이나 반응을 보이는 등 다른 심리적 활동에도 크게 영향을 미칩니다.

감정을 인식하지 못한다는 것은 자연스러운 마음의 흐름을 수용하지 못하거나 올바르게 해석하지 못한다는 것을 의미합니다. 또한 타인의 감정에 공감하지 못하면 타인의 행동이나 상태와 관련해 정확한 해석이나 그에 적합한 반응을 할 수 없습니다. 특히 감정을 처리하거나 관리하지 못하는 경우에는 우울이나 불안과 같은 부정적인 감정이 해결되지 못하고 축적되어 우울증이나 공황장애 등과 같은 정서장애로 발전하게 됩니다.

이처럼 전반적인 감정을 인식하고 관리하는 능력을 통칭해 감수성이라고 합니다. 이와 같은 감수성 자체에 문제가 있는 경우에는 그에 연계되어 있는 내적 심리장애나 대인관계에서의 문제나 갈등을 겪을 수밖에 없습니다. 특히 행복이란 정서적 속성을 가지고 있다는 점을 볼 때 다른 마음의 힘보다도 감수성은 너욱더 중요한 요소입니다.

목표를 달성하기 위해 행동하는 힘
: 실행력 또는 행동력

사고와 감정이 사람의 내적 심리활동이라고 한다면, 그 결과로 나타나는 것이 바로 행동입니다. 어떤 행동을 하는지는 '어떤 생각을 하고 있는가?'와 '어떤 상태인가?'에 따라 달라집니다. 내적인 생각이나 감정 상태와는 다른 행동을 할 때 사람은 인지부조화라는 심리적인 불편함을 경험하게 됩니다. 심리적 불편감이 지속되는 경우에는 이를 해소하기 위해 감정이나 생각을 바꾸려는 시도를 하게 됩니다.

영화나 드라마에서 보면 평상시에 특별한 이성적 감정이나 생각이 없었던 남사친이나 여사친과 애정관계에서나 가능한 사건(예를 들어 스킨십을 하는 등)이 생긴 후 연인 관계로 발전하게 되는 경우가 있습니다. 이는 둘 사이의 비이성적인 관계와 이성적 호감을 가진 사이에서나 있을 수 있는 행동들 간의 불일치를 일치시키고자 하는 합리화 과정의 결과입니다. 그래서 그동안은 없던, 혹은 느끼지 못했던 애정이나 이성적 호감이 솟아나거나 깨닫게 되는 것입니다.

대학에 가고 싶다는 생각과 간절한 바람이 있으나 실제로는 공부를 하지 않는다면 내적인 불안감이 커지고 스스로에 대한 자책이 늘어날 것입니다. 이와 같은 불안감이나 자책이 공부를 열심히 하게 하는 근원이 될 수도 있으나 너무 강한 불안감을 가지거나 스스로 자책하게 되면 정서장애의 원인이 됩니다.

이처럼 사고와 감정, 그리고 그 결과로 인한 행동은 서로

얽히고설켜 있는 복잡한 양상을 보입니다. 대부분의 행동은 감정과 사고를 들여다보면 이해할 수 있으며, 생각과 감정을 변화시키면 행동이 변화하게 됩니다. 이것이 바로 심리치료나 상담의 원리이자 과정입니다. 행복은 사고와 감정, 그리고 행동이 연결되어 있는 복합적 개념입니다. 행동을 통한 연습과 실행, 그리고 외부의 환경적 요소들과의 상호작용이 발생하지 않는다면 행복 역시 제한적일 수밖에 없습니다. 행복을 위한 생각과 정서적 상태는 결국 행동을 통해서 상승되고 완성될 수 있습니다.

다친 마음을 치유하는 힘
: 자기 치유력

인간의 대부분의 행동은 생각과 감정, 그리고 행동을 통해서 설명 가능합니다. 그리고 이들 각각에 대해 면밀히 살펴보고, 그 관계를 들여다보면 대부분은 이해가 되며 변화 가능하기도 합니다. 그러나 문제가 되는 것은 바로 심리적 손상에 대한 대처와 해결 능력 여부입니다. 만약 심리적인 손상이나 어려움을 해결하고 개선하는 기본적인 능력이 없다면 더 깊은 심리적 고통에 빠져 버리거나 심리적 장애에 빠진 후 헤어나지 못하는 일들이 발생하게 됩니다.

그런데 "마음이 아프고 다쳤으며 상처가 났는데 치유하지 않는 경우도 있습니까?"라고 반문하는 분들도 계실 것입니다. 그에 대한 대답은 "그렇습니다!"이며, 심지어는 "그런 경우가 많습니다!!"라고 답할 수도 있습니다. 왜냐하면 심리적인 상처나 어려움은 눈에 보이지 않는다는 속성을 가지고 있기 때문입니다. 그래서 다친 줄도 모르거나 혹은 다친 마음을 어떻게 치유할지 몰라서 해결하지 못하는 경우들이 자주 발생하게 됩니다. 이와 같은 기본적인 치유 능력이 없다면 결국에는 심리적 장애나 어려움을 극복하지 못하고 더욱더 깊은 정서적인 어려움의 늪에 빠지게 됩니다.

심리적 복원력(또는 심리적 회복력, Resilience)이라는 개념이 있습니다. 이는 상당히 고차원적인 심리적 활동으로 심리적인 어려움이나 문제에 대해 치유를 함과 더불어 이를 극복하고 승화하는 과정까지를 지칭하는 개념입니다. 여기에서 말하는 심리적 치유력은 상처를 인식하고 문제가 더 커지지 않게 치료하는 정도의 개념만을 논하는 것입니다. 실제로는 이 정도 수준의 기본적인 심리적 능력조차도 가지지 못하는 경우가 많습니다.

행복하기 위해서는 전반적인 심리적 건강을 유지해야 하며, 심리적 손상이나 문제들을 최소화해야 합니다. 하지만 상황적인 이슈들이나 행복을 추구하는 과정 중에 어쩔 수 없이 심리적으로 지치고 피로감을 느낄 수밖에 없으며, 때로는 정서적 상처나 트라우마가 발생할 수도 있습니다. 이와 같은 마음의 손상과 상처를 그냥 둔 채로는 건강한 행복을 유지하기 어렵습니다. 그래서 기본적인 자기 치유력을 반드시 갖추어야 합니다.

나의 5가지 마음의 힘은 무엇인가

그렇다면 여러분들의 마음은 힘은 어떤 수준입니까? 이 글을 읽으면서 아마도 '나는 어떤가?'에 대해서 생각해 보셨

을 것입니다. '내 마음의 힘'을 평가하기 위해 다음의 질문들
에 답해 보시기 바랍니다. 더불어 나를 잘 아는 가까운 사람
에게도 나와 관련해 다음 질문을 해보는 것도 좋습니다. 이
런 과정을 진지하게 거친다면 내 인생에서의 여러 가지 이
슈들이 왜 발생하는지, 그리고 어떤 부분을 해결하고 개선
해야 하는지에 대한 통찰과 조망을 얻을 수 있습니다. 다음
의 질문들에 대해 '상', '중', '하'로 평가해 보세요.

1. 주의력·집중력

1) 나는 한 가지 일에 오랫동안 주의를 기울이고
집중할 수 있다.   상 - 중 - 하

2) 나는 관심이 없는 일에도 주의를 기울이고 집중
할 수 있다.   상 - 중 - 하

2. 사고력

1) 나는 심사숙고하고 다양한 차원에서 생각할 수
있다.   상 - 중 - 하

2) 나는 균형적이고 합리적이며 논리적으로 생각
한다.   상 - 중 - 하

3. 감수성

1) 나는 나의 감정을 잘 인식하고 관리할 수 있다.   상 - 중 - 하

2) 나는 타인의 감정을 잘 인식하고 관리할 수 있다.   상 - 중 - 하

4. 실행력·행동력

1) 나는 의도하고 목표한 바를 달성하기 위해 실행
하고 행동한다.   상 - 중 - 하

2) 나의 행동의 이유에 관해 대체로 설명하고 이해
할 수 있다.   상 - 중 - 하

5. 자기 치유력

1) 나는 마음이 힘들 때면 적극적으로 해결하고 개선
하려고 노력한다.   상 - 중 - 하

2) 나는 마음이 힘들 때라도 생각과 감정에 휩쓸리
지 않는 편이다.   상 - 중 - 하

각각의 기본적인 마음의 힘과 관련된 질문에 대해 답을 해보셨습니까? 당신은 어떤 영역이 강점입니까? 당신은 어떤 영역이 약점입니까? 만약 자신이 취약한 영역을 알게 되었다면 어떻게 해야 할까요?

만약 주요 영역들의 점수를 평균적으로 계산해 보았을 때 '중' 정도의 수준이라면 해당 영역에서의 능력은 적절한 수준으로 유지되고 있다고 볼 수 있습니다. 그런데 해당 영역에서 스스로 평가한 수준이 '하' 정도의 수준이라면 그 영역에서의 능력이 부족하거나 문제가 있다고 볼 수 있습니다. 해당 영역에 대한 보다 진지하고 전문적인 평가가 필요합니다.

　이와 같은 마음의 힘들을 모두 포함하는 종합적인 관점의 접근을 바로 성격(Personality)이라고 합니다. 기본적인 성격뿐 아니라 다양한 성격 패턴은 행복과 아주 밀접하게 관련이 있습니다. 그래서 내 행복에 영향을 미치는 전반적인 성격 또는 개별적인 마음의 힘에 대해서 더 정확히 알고 싶다면, 진지한 성격 검사를 해보는 것도 좋은 방법입니다. 진지하고 어느 정도는 전문성을 갖춘 심리검사를 해본다면 주의 집중력, 사고력과 감수성, 그리고 전형적인 행동 패턴과 심리적인 문제에 대처하는 자신만의 방법 등을 객관적으로 인식하고 이해할 수 있습니다. 이는 나만의 행복을 만들어 가기 위한 필수적인 활동입니다.

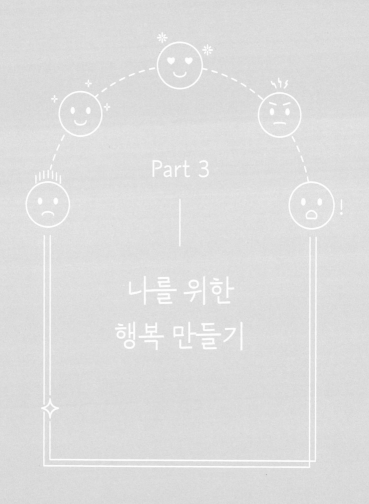

Part 3

나를 위한
행복 만들기

행복을 만들어내고 얻기 위해서 가장 먼저 해야 하는 과정은 '내가 원하는 행복은 무엇인가'를 발견하는 것입니다. 만약 나의 행복을 발견했다면 이를 만들어가는 과정을 시작해야 합니다. 그런데 이를 실행하는 방법 또한 사람마다 다릅니다. 돈을 벌기 위해서는 자신의 능력과 자질을 분석해야 하며, 자신이 잘할 수 있는 일을 해야 합니다. 또한 행복한 가족 관계를 만들기 위해서는 가족들의 성향을 파악하고 그에 따른 최적의 가족활동을 계획하거나 잠재적인 갈등 요인들을 예상하고 이에 대한 효과적인 대응 방안을 마련해야 할 것입니다. 이제 본격적으로 나만의 행복을 만들기 위한 구체적인 계획과 실행을 시작합니다.

Chapter 9

나만의 행복 상상하기

어느 커플의 대화

다음은 결혼 예정인 어느 커플의 대화입니다. 대화를 읽고 어떤 느낌이 드는지 생각해 보세요.

A: 자기야, 우리 이제 결혼하면 주말에 뭐 할 거야?

B: 그런 걸 뭐하러 생각해. 뭘 해도 즐거울 텐데.

A: 그래도, 미리 생각하고 준비하면 더 즐겁잖아! 한 달에 한 번씩은 여행 가면 좋겠다! 가서 우리 한 달 동안 살았던 얘기도 같이 하고… 열심히 살았던 서로를 칭찬해주기도 하

고… 힘든 건 위로해주기도 하고!

B: 웬 닭살 돋는 얘기를 해. 그냥 오늘을 열심히 살면 되는 거야. 그리고 지나간 과거는 그냥 잊는 거야. 뭐 고민해 봐야 바꿀 수 있는 것도 아니고. 그리고 미래에 대한 것도 그래. 내가 뭘 준비한다고 달라져? 그때 돼봐야 아는 걸. 그냥 오늘을 즐겨! 오늘 우리가 만나서 행복하고 즐거운 것만으로도 충분해!

A: 그래도 나는 우리가 앞으로 어떻게 더 행복할 수 있을까 같이 얘기하고 상의하면서 더더더 노력하고 싶단 말이야.

B: 그래 그래, 나도 그래! 우리는 앞으로 되게 되게 행복할 거야! 그러기 위해서 오늘의 즐거움을 만끽해요~ 이러나 저러나 내가 승진해서 돈 많이 벌고~ 당신은 이직해서 더 좋은 회사 가고~ 그래서 집 사고 아이 낳고 그게 행복이지 뭐!

A: 근데 우리 꼭 아이가 있어야 돼? 물론 아이가 있으면 너무 좋을 것 같아. 나는 항상 좋은 부모가 되는 게 꿈이었거든. 그런데 아이 키우는 데 돈도 많이 들고, 힘도 들고, 나는 솔직히 아이 생각하면 마음이 무거워져….

B: 그래? 그럼 아이 얘기는 하지 말지 뭐. 세상 모든 일이 다 닥치면 하게 되어 있어! 그러니 괜히 힘 빼지 말고 그냥 오늘의 행복을 즐기자!

A: 근데 자기야, 자기는 나랑 얘기하기 싫어? 왜 매번 그냥 오

늘을 즐기자, 그건 그때 가서 생각하자고 하는 거야? 나는 이런 얘기를 자꾸 해야 우리가 더 좋은 부부가 될 거잖아. 그런데 왜 이렇게 무성의하게 대답해?

B: 내가 뭐가 무성의해… 그리고 내가 왜 너랑 얘기하기 싫어해? 그럼 결혼을 왜 약속했겠어? 그런 말도 안 되는 소리를 해. 네가 자꾸 심각하고 진지하게 나오니까 분위기가 싸해지잖아. 아, 저 진지충… 피곤해.

A: 진지충? 너는 대체 인생의 목표가 있기는 하니? 미래를 꿈꾸고 준비하자는 게 문제야? 나는 너처럼 생각 없이 즉흥적으로 사는 거 정말 문제라고 생각해! 너를 어떻게 믿니?

B: 나는 그냥 미래 같은 거 생각 없이 살아도 잘 살았어! 너나 잘 살아! 아… 정말 이런 진지충과 정말 결혼을 해야 되나? 아… 그때 그 OO씨와 그냥 계속 만나는 건데… 내가 왜 이런 진지충을 만나가지고.

A: 그럼 지금이라도 OO인지 뭔지 하는 사람 만나서 결혼해! 그럼 되겠네! 헤어져!

B: 그래 그럼 헤어져! 좀 더 미래를 생각하고 진지하게 고민했어야 되는데… 왜 너 같은 인간이랑 결혼을 하겠다고 결정을 해서… 아… 열받아! 헤어져!

다음은 금요일 저녁 퇴근 후 친구와 치맥을 하며 나누는 대화입니다. 대화를 읽고 어떤 느낌이 드는지 생각해 보세요.

A: 요즘 잘 지내? 회사는 어때?

B: 야, 묻지도 마. 그냥 먹고살려고 다니는 거지. 정말 뭣 같아. 일은 많지 월급은 쥐꼬리만 하지, 거기다 선배나 상사들은 개꼰대에다가… 정말 맘에 드는 게 하나도 없어.

A: 잉? 우리나라에서 알아주는 전자회사에 다니는 네가 그렇게 말하면 어떡하냐? 네 월급이면 거의 우리나라 최고 수준인데… 일은 그렇다 쳐도, 너네 회사 사람들은 다 착하고 잘해준다면서? 너 입사했을 때 그랬잖아? 다른 사람들도 조직 분위기는 거기가 최고라고 하던데.

B: 야 말도 마, 겉에서 보기에나 그렇지 안에서 보면 다 이상해. 우리끼리는 회사 탈출은 지능순이라고 한다니까. 다들 기회만 되면 나가겠다고 벼르고 있어.

A: 그래서 너는 어떻게 하려고? 탈출은 지능순이라면서? 그럼 너도 나갈 거야?

B: 나도 대안만 생기면 바로 나가려고. 더 이상 못 견디겠어. 정말 출근하기 너무 싫어.

A: 그래서 어디 알아봤어? 어디 가려고?

B: 일이 바빠서 알아보지도 못했어. 이제 알아봐야지. 월급 많이 주고 편한 데면 그냥 옮기려고. 정말 여기만 아니면 다 괜찮을 거 같아.

A: 근데 너 지난번에도 똑같은 얘기한 거 알아? 그때도 이직한다고 알아본다고 했잖아? 앞으로 진취적으로 살겠다면서?

B: 내가? 아, 그랬던 거 같다. 이제 해야지. 내가 정말 빨리 다음 직장 구하고 그때부터는 정말 다른 인생을 살 거야! 완전히 새로운 인간으로 거듭나야지! 내 인생의 전환기로 만들 거야!

A: 너는 정말 대사 하나가 안 바뀌는구나. 그래서 다음 회사는 어디로 옮길 건데? 옮기고 난 다음에는? 그 회사는 오래 만족하고 다닐 거야? 네 나이가 몇인데, 결혼은 언제 할 거야?

B: 기회가 오면 옮길 거고… 여기만 아니면 다 즐겁고 행복할 거 같아! 결혼? 좋은 사람이 있어야 결혼을 하지, 그것도 생기겠지 뭐. 근데 너 왜 이렇게 날 쪼는 거야? 너 친구 맞아?

A: 내가 그나마 친구니까 이 정도로 잔소리도 하는 거지! 너 자신을 좀 돌아봐. 이건 뭐 매사 불평투성이고, 그렇다고 해서 뭔가 개선하려고 계획을 짜거나 노력은 하나도 안 하고 그래서 네 별명이 투덜이인 거 모르니?

B: 투덜이? 너 너무한 거 아니야? 코로나도 있고 정치인들도 이상한 짓거리나 하고 우리 청년들을 돌봐주지 않잖아! 이게 내 문제니? 우리 사회가 체계적인 지원 시스템을 만들어 줘야 하는 거 아니야? 왜 청년들에게만 희생을 요구하고 모든 걸 다 감당하라고 해? 그러고도 네가 친구야? 됐어! 가자! 다시는 연락하지 마!

A: 진짜지? 연락 안 할 거지? 감사하다! 정말 고맙다! 다시는 연락하지 말자!

행복을 위한 노력을 실천하라

오늘, 당신은 행복했습니까? 오늘, 어떤 일들이 당신을 행복하게 했습니까? 오늘, 어떤 일들이 당신의 행복을 방해했습니까? 이처럼 오늘에 관한 질문에 답한 후 이번 주와 관련된 질문에 대해서도 답해 보시기 바랍니다. 이번 주, 당신은 행복했습니까? 이번 주, 어떤 일들이 당신을 행복하게 했습니까? 이번 주, 어떤 일들이 당신의 행복을 방해했습니까?

우리는 행복하고자 합니다. 또한 항상 행복하고 싶다고 말합니다. 그래서 행복에 대해서 말하는 많은 책을 탐독하고 여러 가지 동영상이나 자료들을 찾아봅니다. 그런데 실제로는 어떤 실행과 노력을 했습니까? 오늘 나는 행복했는지, 또는 이번 주 나는 행복했는지에 대해서조차도 생각하지 않았다면 행복을 위한 기본적인 노력과 실행부터 시작할 필요가 있습니다. 오늘 또는 이번 주에 무슨 일 때문에 행복했으며, 나의 행복을 방해하는 것들은 무엇인지에 대해서 리스트를 만들어보지 않았다면 나의 행복을 위해서 조금 더 노력해야 합니다.

행복을 비롯해 모든 심리적 영역들의 성장과 발전 역시 상당한 노력과 실행이 있어야 합니다. 그리고 그와 같은 노력과 실행은 단지 책을 읽거나 동영상을 본다고 이루어지는 것은 아닙니다. '내가 얼마나 내 생활에 적용하고, 실천하고 실행했는가?'에 따라 결정되는 것입니다. 이는 마치 몸짱이 되거나 다이어트를 하기 위해서 책과 동영상을 보기만 하면서 실제 운동이나 식이요법은 하나도 하지 않는 것과 마찬가지입니다.

물론 책이나 동영상을 보는 것 자체가 나쁜 건 아닙니다.

사람의 행동이 변화하는 과정은 문제의식에 기반해 변화해야겠다는 결심과 의지를 다지는 것이 필요하며, 이에 더해 구체적인 목표 설정과 목표를 달성하기 위한 계획 수립, 그리고 계획을 실천하고 실행하는 고통스러운 과정이 있어야만 변화하는 것입니다. 책이나 동영상을 보는 것은 문제의식을 가지게 되거나, 변화가 필요하다는 생각과 변화해야겠다는 결심과 의지를 가지는 것에는 분명 도움이 됩니다. 하지만 우리는 책이나 동영상을 보는 것만 해놓고서는 내가 충분한 노력을 했다고 착각하거나 만족하는 정도로 끝내기도 합니다.

그냥 주어지거나
남이 주는 행복은 없다

어떤 사람들은 말합니다. "그것만 해도 충분히 노력하고 잘한 것 아닙니까?" 맞습니다. 충분히 노력하고 잘한 것 맞습니다. 하지만 딱 거기까지만 노력하고 잘한 것입니다! 그 이상의 중요한 것들은 놓치고 있으며, 책으로 말하자면 서론에 해당하는 부분만 열심히 읽은 것입니다. 서론이나 목차만을 읽고 그 책을 다 읽었다고 말할 수 없습니다. 시간이 걸리고 노력이 필요하더라도 본문을 제대로 읽어야만 그 책의 내용이 진정한 내 것이 될 수 있습니다.

만약 매일 또는 매주 '당신은 행복합니까?'라는 질문을 하는 것에 대해서 '왜 자꾸 똑같은 것을 묻지? 부담스럽잖아!' 라고 생각하셨다면, 그것은 감정 기반의 진정한 심리적 행복이 아니라 행복과 관련된 특별한 비법이나 정보에 매달리는 지식 행복론에 심취한 것입니다.

만약 "뭘 말하는지는 알겠어요! 그런데 당장 해야 할 일들이 너무 많아서 차마 실천을 못 했어요!"라고 말한다면, 그것은 아직도 '행복'이 다른 것에 비해 덜 중요하다고 생각하는 것입니다.

만약 "내 상황이 그렇지 못해요. 회사도 그렇고, 아직 대출도 많이 남았고, 이런 것들이 해결되어야 행복하든가 말든가 할 거 아니에요?"라고 한다면, 이는 돈이나 환경에 의해 행복할 수 있다는 잘못된 행복론에 빠져 있는 것입니다.

만약 "그런데 정말 우리 사회가 행복을 주는 사회라고 생각해요? 이런 경제적 불평등과 불안정한 정치 환경이 존재하는 한 진정한 행복은 없는 거예요!"라고 말한다면, 이는 나의 행복에 대한 권한과 책임을 이미 남에게 넘겼으며 결국 불행해지는 경우 남 탓만 하게 될 것입니다.

물론 로또 당첨과 같이 그냥 주어지는 듯한 행복이 있기도 합니다. 또한 백마 탄 왕자님과 같은 좋은 사람을 만나 행복해질 수도 있습니다. 그러나 로또 당첨이 되었다고 모두, 똑같이 행복을 느끼는 것은 아닙니다. 그런 특별한 행운을 통해 오히려 더 피폐한 삶을 사는 사람도 있고, 같은 돈을 받아도 수십 배 더 행복한 사람이 있습니다. 게다가 백마 탄 왕자님을 만나서 행복감을 느꼈다고 해도, 그 관계를 이어가거나 나에게 행복감을 준만큼 상대방에게 더욱더 헌신하고 노력해 왕자님과 더더더 큰 행복과 만족을 만들어 가는 것 또한 본인의 능력입니다.

10년 후 나의 행복을 상상하라

당신의 어릴 적 꿈은 무엇이었습니까? 예전에는 대통령이나 장군이라고 대답하는 아이들이 많았습니다. 과학자는 예전이나 지금이나 인기 있는 장래희망이며, 선생님과 의사나 간호사도 빠지지 않는 어린 시절 꿈입니다. 최근에는 유튜버나 연예인을 꿈꾸는 아이들이 그리도 많다고 합니다. 그런데 어린 시절부터 "너는 커서 뭐가 되고 싶어?"라는 질문에 "OO시의 O급 공무원이요! 특히, 본청 근무를 희망합니다!"라고 대답하거나 "OO전자 경영지원팀 과장이요!"라고 대답하는 아이는 없을 것입니다.

혹시 지금 여러분들은 어릴 적 꿈을 이루셨나요? 아마도 대부분의 사람들은 어린 시절의 꿈을 이루지는 못했을 것이며, 만약 그 꿈을 이루었다고 하더라도 어린 시절 생각과는 매우 다른 현실에 직면해 있을 것입니다. 어린 시절의 꿈들은 성장하면서 구체적이고 현실적으로 바뀌었을 것이며, 그 결과 지금 당신의 모습이 되어 있을 것입니다.

어린 시절, 당신은 어떤 꿈을 꾸었습니까? 10년 전 당신이 상상하고 그리던 오늘의 모습은 어떤 것이었습니까? 어린 시절 또는 10년 전에 상상했던 당신의 꿈이 오늘 당신의 모습에 어떤 영향을 끼쳤나요? 어떤 사람은 학창 시절 영어, 수학 문제와 씨름하느라 어린 시절의 감성적인 꿈은 다 지워버리고 현실적으로 어떤 학교에 진학하고, 어떻게 좋은 직업을 얻을지에 대해서만 생각했을 수 있습니다. 반면 어떤 사람은 항상 마음속에 꿈을 품고 살아가며, 완전히 똑같은 모습은 아니지만 비슷한 일을 하고 있을지 모릅니다.

아마도 계속해서 어른이 되어서, 혹은 10년 후, 아니면 5년이나 3년 후, 이번 달 말이나 올해 연말에 어떤 모습이고 싶은지에 대해서 상상한다면 그 꿈이 이루어질 가능성이 높아지지 않을까요? 그렇다면 아마도 그 사람은 삶에서 더욱 큰 만족과 즐거움을 얻을 것이며, 이를 다른 표현으로 하면 좀 더 행복해졌다고 말할 수 있을 것입니다.

행복도 쟁취하는 것이다

결혼을 앞둔 커플은 한 가족을 이루었을 때의 미래를 상상하고 꿈꿉니다. 어떤 부부는 아이들이 마음대로 뛰놀 수 있는 넓은 마당이 있는 3층집에서 온 가족이 화목하게 저녁을 먹는 상상을 할 수 있습니다. 아마도 서울 시내에서 그런 집을 사려면 재벌급의 돈을 벌어야 한다는 현실의 벽에 막혀 좌절할 수도 있습니다. 하지만 서울 외곽에 있고 대부분은 은행의 소유지만, 넓은 베란다가 있는 아파트 혹은 상상하던 만큼 큰 마당은 아니지만 작은 마당이 있고 조금만 걸어가도 숲과 자연이 있는 곳에 집을 마련한다면 너무너무 행복할 것입니다.

어려서부터 선생님을 꿈꾸었던 사람은 어떤 선생님이 될 것인가에 대해서 항상 생각했을 것입니다. 학교에서도 선생님들의 모습을 보면서 자신이 꿈꾸는 선생님의 모습을 하나씩 그려나갈 것입니다. 아마도 교회나 단체에서도 가르치는 역할의 일이 있다면 기꺼이 손을 들고 나서서 해보려고 하고, 선생님을 하는 데 도움이 될 것이라 생각하는 다양한 활동들을 열심히 하게 되는 동기가 될 것입니다. 마침내 선생님이 되는 순간 너무도 행복할 것이며, 자신을 칭찬하고 열정적으로 몰입하며 선생님의 역할에 최선을 다할 것입니다. 때로는 속 썩이는 학생 때문에 속상해서 눈물짓는 날도 있고 학부모의 악성 민원으로 수모를 당하는 일도 있겠지만 자신이 투자하고 노력한 만큼 사명감으로 견디고 이겨낼 수 있을 것입니다.

행복도 스스로 노력해서 쟁취하는 것입니다. 좋은 직업을 가지기 위해서, 또는 좋은 배우자를 만나 좋은 가정을 이루기 위해서는 목표를 세우고 달성하기 위한 계획을 수립하고 그 계획을 실천하고 실행하는 과정을 거쳐야 합니다. 행복도 마찬가지입니다. 내가 원하는 나의 미래 행복을 상상하고, 이를 달성하기 위한 목표와 계획을 수립한 후, 이를 하나씩 만들면서 내가 꿈꾸던 행복을 찾아가는 것입니다.

나만의 행복을 위해 철저하게 준비하라

행복도 쟁취하고자 노력하고 실행해야 합니다. 우연찮게 행복을 주는 상황이나 조건이 만들어질 수 있으나 같은 상황이나 조건이라도 자신의 행복을 꿈꾸고 노력한 사람은 더욱더 행복할 것입니다. 그리고 행복을 가로막는 어려움, 좌절이 생기거나 혹은 일시적으로 불행이 찾아오더라도 이를 극복하고 이겨내며 행복을 사수할 수 있을 것입니다.

그런데 이것이 말이 쉽지 생각보다 만만한 일은 절대 아닙니다. 이를 위해서 해야 할 과제는 두 가지가 있습니다. 하나는 삶의 다양한 측면에서의 행복을 누릴 수 있어야 하며, 다른 하나는 삶에서 겪는 어려움이나 장애에 쉽게 굴하지 않아야 합니다. 최소한 일과 사랑(관계)에서의 행복을 모두 상상해야 합니다. 그리고 각각에 대한 철저한 준비와 함께 생길 수 있는 어려움이나 장애에 대해서도 항상 마음의 준비와 대비를 해야만 합니다.

막상 집을 사기는 했지만 화장실만 제외하고는 거의 은행 소유일 수도 있습니다. 하지만 대출금 갚을 걱정에만 사로

잡혀 있다면 결코 행복하지 않을 것입니다. 적어도 대출금을 감당할 만한 경제력의 원천이 될 수 있는 직업적 성취와 만족도 있어야 합니다. 그렇게 원하던 직장에 들어갔을 때는 아마도 더할 나위없이 행복했을 것입니다. 그런데 막상 현실적 직장생활을 하면서 생기는 업무에 대한 부담이나 대인관계에서의 불편함과 갈등을 효과적으로 해결하지 못한다면 그 또한 지속적으로 행복하기 어렵습니다.

그렇다고 해서 직장에 들어갈 수 있을 정도로 노력했던 스스로에 대한 자부심과 칭찬을 절대로 잊어서는 안 됩니다. 지금이라도 3년 후, 5년 후, 10년 후 직업적 차원에서의 만족과 성취를 계획해 큰 만족과 행복을 누릴 수 있는 준비와 실행이 필요합니다. 또한 직업적 성취와 그것을 통해서 벌 수 있는 돈에만 집착하는 것이 아니라 그 돈을 누구와 어떻게 쓰면서 개인적으로도 행복감을 느낄지에 대해서 상상하고 계획하는 것이 필요합니다. 최소한 일과 관련된 행복 상상과 사람과 관련된 행복 상상만이라도 제대로 한다면 충분히 만족스럽고 행복한 미래를 맞이할 수 있습니다.

당신의 행복한 미래를 상상해 보시기 바랍니다. 구체적으로 상상할수록 구체적인 준비와 실행이 가능합니다. 지금부터 다음 질문을 스스로에게 해보시기 바랍니다.

- 당신의 어린 시절 꿈은 무엇이었습니까?

- 10년 후 당신은 어떤 일을 하면서 행복하게 지내고 싶습니까?

- 10년 후 당신은 누구와 함께, 어떤 활동을 하면서 행복을 나누고 싶습니까?

그리고 이 질문에 대한 대답을 당신의 소중한 사람들에게도 공유하고 소중한 사람들의 답변에 대해서도 서로 이야기를 나누어 보시기 바랍니다.

나만을 위한 행복 만들기

원하는 것을 이루는 방법

우리는 살면서 원하고 바라는 것들이 생기게 됩니다. 학교
를 다니면서 친해지고 싶은 친구가 있을 수 있으며, 좋아하
는 이성과 애인관계로 발전하고 싶을 수도 있습니다. 원하
고 바라는 직업이 생기게 된다면 이를 성취하기 위해서 가
고 싶은 대학과 학과를 정하게 될 것입니다. 친구들과 즐겁
고 좋은 관계를 맺고 싶지만 때로는 친구 간의 싸움이나 갈
등을 해결할 수도 있어야 합니다.

만약 당신이 초등학생이나 사춘기의 청소년이라면 이와 같은 상상을 하고 목표를 설정하는 것만으로도 충분합니다. 왜냐하면 그와 같은 미래에 대한 상상 자체가 그들의 발달 과업이기 때문입니다. 그런데 당신이 이미 성인이라면 꿈과 이상은 현실로 다가오게 됩니다. 이제는 막연하게 꿈을 꾸거나 미래를 상상하는 것만으로는 충분하지 않습니다. 이를 달성하기 위한 구체적이고 현실적인 상상과 실천을 통해서 '결과'를 보여야 합니다.

행복을 이루는 것도 마찬가지입니다. 만약 내가 원하는 행복을 구체적으로 상상했다면 자신의 행복을 실제로 달성하기 위한 현실적인 목표를 설정해야 합니다. 이후에는 행복 목표를 달성하기 위한 구체적인 계획들을 수립해야 합니다. 하지만 계획을 수립했다고 해서 내가 원하는 행복이 다 이루어지는 것은 아닙니다. 결국 실천과 실행을 통해 목표를 달성해야만 합니다.

행복을 달성하는 과정은 다음 4단계를 통해서 이루어집니다.

❶ 자신이 원하는 행복을 꿈꾼다.
❷ 행복을 달성하기 위한 현실적인 목표를 설정한다.
❸ 목표를 달성하기 위한 구체적인 계획을 수립한다.
❹ 계획을 달성하기 위한 노력을 실행한다.

균형적 목표를 설정하라

얼핏 생각하면 '내가 원하는 행복'과 '행복 목표'가 같은 말처럼 느껴질 수도 있습니다. '내가 원하는 행복'은 자유롭게 상상하는 행복한 자신의 모습이라고 한다면, '행복 목표'는 행복을 이루기 위한 현실적인 목표라고 볼 수 있습니다. 현실은 상상과는 달리 현실적인 상황과 요건들을 모두 고려해야 하며, 상상에서는 고려하지 못한 현실적 측면들을 다양하게 고려해야 합니다.

행복을 달성하기 위한 현실적인 요건은 나 스스로의 가치를 유지할 수 있는 의미 있고 가치 있는 활동, 경제적인 기반, 좋은 관계들입니다. 이를 좀 더 딱딱한 용어로 말하자면, 자기 존중감을 유지하기 위한 자기 관리 및 통제능력, 긍정적 대인관계를 위한 대인관리능력, 그리고 기본적 수준 이상의 경제적 재화를 얻을 수 있는 생존 능력 등이 골고루 갖추어져야만 안정적인 행복을 유지할 수 있습니다. 만약 이 중 하나라도 받쳐주지 못하고 결함이나 문제가 생긴다면 안정적인 행복을 이루기 어렵습니다.

예를 들어 아무리 좋아하는 일을 하고 있고 주변 사람들과 좋은 관계를 맺고 있다고 하더라도 경제적인 능력이 뒷받침되지 못한다면 생활에 어려움을 겪을 수밖에 없고 다양한 활동이나 행동에 제한이 있을 수밖에 없습니다. 곳간에서 인심나는 것처럼 기본적인 경제적인 기반과 의식주의 안정적인 해결은 심리적 안정과 긍정적인 행복을 향유하기 위한 필수적이고 현실적인 전제입니다. 아무리 행복이 심리적인 속성을 가졌다고는 하나 현실적인 기반이 취약하고 특히 경제적인 측면에서의 어려움이 심각하다면 그로 인한 스트레스로 인해 충분히 행복하기 어렵습니다.

성인기의 발달과업은 지금까지 학습해 온 세상에 대한 지식과 자신의 자원을 기반으로 세상에 기여하거나 타인에게 도움이 될 수 있는 의미와 가치 있는 활동을 하는 것입니다. 그래서 아무리 돈이 많아도 생산적이고 가치 있는 활동을 하지 않는다면 우울함과 무기력감이 올 수밖에 없습니다. 매일 친구들과 만나 즐겁고 유쾌한 술자리를 가진다고 해도 결국에는 공허함만 남을 수밖에 없습니다. 그 방법이 꼭 돈을 벌어야만 하는 것은 아닙니다. 하지만 그 활동을 통해 무언가 의미 있고 가치 있는 활동을 하고 있다는 자부심을 느낄 수 있어야 합니다. 이는 곧 자기 존중감의 바탕이 됩니다.

게다가 경제적으로는 풍족하고 여유롭지만 이를 나누거나 베풀 수 있는 주변 사람들이 없다면 그 또한 행복하지 못한 삶이 될 수밖에 없습니다. 명절이나 연휴 때 '스크루지 할아버지'처럼 외롭게 지낸다면 그만큼 허망하고 불행한 삶은 없을 것이며 '무엇을 위해서 살아왔는가?'라는 근본적인 후회를 하게 될 것입니다. 그 관계가 업무적일 수도 있으며 일상적인 사회적 관계일 수는 있으나 어느 정도는 아주 친밀하고 특별한 관계들이 포함되는 것이 필요합니다.

구체적인 목표와 계획을 세워라

  정리하면, 안정적인 행복을 위해서는 내가 하고 싶은 나의 일, 일 또는 그 외의 방법을 통한 경제적 기반, 그리고 나와 함께 행복을 나눌 수 있는 사람들에 대한 현실적 목표와 구체적인 계획이 있어야 합니다. 이를 위해 다음의 가이드에 따라서 구체적인 상상과 계획을 세워보시기를 바랍니다.

내가 하고 싶은, 가치와 의미를 찾을 수 있는 나의 일

  앞으로 하고 싶은 나의 일에 대한 목표와 계획이 필요합니다. 단, '일'이라고 해서 돈을 버는 직업만을 말하는 것은 아니며, 사회봉사 등과 같이 비경제적인 일도 포함될 수 있습니다. 다음의 상황에 대한 답변을 만들면서 어떤 목표와 계획을 수립할지 생각해 보세요!

> • 10년 후 어느 날, 아주 보람 있고 가치 있는 하루를 보낸 당신의 마음속에 뿌듯함과 행복이 가득합니다. 오늘 당신은 어떤 하루를 보냈을까요?

일(직업) 또는 그 외의 방법을 통한 경제적 기반

자신의 경제적인 기반을 만들 수 있는 현실적인 목표와 계획이 필요합니다. 단, 이미 100억 이상의 자산을 가지고 있거나 평생 마음대로 쓰고도 남을 돈이 있다면 굳이 이 질문들에 대답할 필요는 없습니다! 다음의 질문들에 대한 답변을 만들면서 어떤 목표와 계획을 수립할지 생각해 보세요!

- 10년 후 당신은 어디에 거주하고 있습니까? (아파트? 단독주택? 전원주택 등, 시가는? 지역은?)

- 보유하고 있는 총자산은 얼마입니까? (동산 또는 부동산, 주식이나 코인 등 자세하게 써도 됩니다)

- 주요 수입원은 무엇이며, 월 또는 연 기준 수입은 얼마나 됩니까? (다양한 수입원을 추구한다면 모두 계획해도 됩니다)

나와 함께 행복을 나눌 수 있는 사람들

당신의 가까운 관계에 있는 사람들과 사회적 관계에 있는 사람들에 대한 목표와 계획이 필요합니다. 단, 앞의 일 또는 경제적인 측면의 목표나 계획들과 연계해 함께 고려해 구상해 보십시오. 다음의 질문들에 대한 답변을 만들면서 어떤 목표와 계획을 수립할지 생각해 보세요!

- 10년 후 일을 마치고 집으로 갑니다. 집에는 누가 있습니까?

- 주말이 되었습니다. 무엇을 하면서 주말을 보낼 것입니까? 누구와 만날 예정입니까?

- 당신이 최근 자주 연락하고 만나는 사람은 어떤 사람들입니까? 어떻게 만났고, 그들과 함께 어떤 활동을 합니까?

실행에 집중하며 과정을 즐겨라

아마도 10년 후 현실적이고 구체적인 목표를 상상했다면 이를 달성하기 위한 과정과 단계들도 생각할 수 있을 것입니다. 10년 후 목표가 생겼다면 이를 달성하기 위해 3년 후 또는 5년 후에는 이루어야 하는 최소한의 수준에 대한 중간 목표와 중간 계획도 생각할 수 있을 것입니다. 이처럼 장기적인 목표 수립이 되었다면 이를 달성하는 중간 단계들에 대한 목표와 계획도 자연스럽게 수립해 보다 체계적인 목표와 계획을 통해 완성도나 성공 가능성을 높일 수 있습니다.

그런데 가장 중요한 것은 목표나 계획 자체보다도 이를 실제로 수행하고 달성하는 행동입니다. 내가 희망하고 원하는 직업을 가지려면 필요한 전문가 과정을 이수하거나 자격증을 취득해야만 합니다. 그리고 전문가 과정 이수나 자격증 취득을 위해 필요한 전제나 작업 요건들도 있을 것입니다. 그 과정이 그냥 이루어지지는 않으며, 상당한 노력뿐 아니라 인내심도 필요합니다. 하지만 자신의 꿈을 위해 노력하는 과정이라고 생각한다면 충분히 즐거울 수 있습니다.

행복도 마찬가지입니다. 자신만의 미래 행복을 상상하고, 이를 달성하기 위한 목표와 계획을 세우는 과정에서 설레는 희망과 즐거움을 얻을 수 있을 것입니다. 비록 행복한 미래를 위한 목표 달성 과정이 쉽고 만만하지는 않을 것이며, 예상치 못한 장애나 문제들도 생길 수 있습니다. 하지만 목표와 계획을 수립하고 달성하는 과정을 즐긴다면 어떤 어려움이라고 하더라도 이겨낼 수 있을 것이며, 그 과정에서 충분한 행복과 즐거움을 느낄 수 있을 것입니다.

이기적이고 자기 중심적인
행복부터 추구하라

이번 챕터를 읽은 소감이 어떠십니까? 아마도 마냥 행복하고 즐겁지는 않을 것입니다. 한편으로는 행복이라는 것도 참 이루기 어렵고 힘들다는 생각과 부담감에 기분이 가라앉고 진정되었을 수도 있을 것입니다. 하지만 여기에서 그친다면 결국 장기적이고 안정적인 행복은 조금 더 멀어질 것입니다.

사람들은 김연아 선수나 손흥민 선수의 화려한 실력과 결과만을 보고자 합니다. 그런데 그들이 현재의 탁월하고 놀라운 실력을 갖추기까지 피나는 노력과 엄청난 인내가 필요했을 것입니다. 하지만 우리는 그들의 결과만을 보면서 부러워하는 경우가 많습니다. 그 안에 숨겨져 있는 그들의 피나는 노력과 인내, 그리고 과정 중에 이루었던 좌절과 극복기는 쉽게 간과합니다. 세상 그 어떤 것도 그냥 얻어지는 것은 없으며, 분명한 목표를 위한 피나는 노력과 실행이 필요합니다.

이 책의 주제는 '나만의 행복 찾기'입니다. 그럼에도 불구하고 나의 가족이나 내게 소중한 사람들까지 고려해서 복잡하게 생각하는 분도 있을 수 있습니다. 하지만 그렇게 너무 많은 것을 고려하면서 스스로를 지치고 힘들게 하지 말고, 오직 '당신만의 행복'을 위한 '이기적이고 자기중심적인 상상과 목표와 계획'을 수립하기를 권합니다. 왜냐하면 그것이 당신에게는 가장 행복하고 즐거울 것이기 때문입니다.

우리는 미래의 행복을 꿈꾸고 상상하며 계획하는 과정을

하고 있을 뿐입니다. 아직은 객관적인 현실이 아닙니다. 지나친 현실감으로 인해 당신의 행복한 상상을 망칠 필요는 없습니다! 오직 당신 자신만을 위한 시간과 행복에만 집중하는 것이 좋습니다. 그래야만 당신이 더욱더 행복해지고 희망을 가질 것이며, 긍정적 에너지로 타인들도 행복하게 할 수 있습니다.

만약 이번 글을 읽고 난 후 '나의 행복을 위한 미래 목표나 계획에 소홀했었네!'라고 생각한다면, 당신의 심리적 에너지의 5% 또는 10%만 투자해 당신의 '미래 행복'을 상상하고 계획하는 기회로 삼으시기 바랍니다. 그러나 '왜 이렇게 부담스럽지? 글을 읽고 나니 지치네'라는 생각이 든다면, 굳이 시간이나 노력을 기울여 행복을 상상하거나 계획하지 않아도 괜찮습니다. 대신 다음에 행복한 미래를 상상하고 싶을 때 언제든지 다시 시작해도 됩니다!

== Chapter 11 ==

나의 행복을 위한 도움 받기

이번 챕터로 들어가기 전에 다음 질문에 대해 생각해 보시기 바랍니다.

- 당신을 행복하게 해주는 사람을 3명 이상 꼽아 보세요! 그들이 나에게 행복을 주는 이유는 무엇입니까?

- '그 인간만 없으면 행복할 것 같아요' 정도로 당신의 행복에 방해가 되는 사람을 한 명만 꼽아 보세요!

나만의 행복에 도움이 필요한 이유

행복은 정서적 속성을 가지고 있는 심리적 구성체이며 순간순간의 기분이나 감정들이 중요하기는 합니다. 그렇지만 궁극적인 행복감이나 안정적인 나만의 행복을 위해서는 이와 같은 일시적인 감정 관리 이상의 노력과 실행이 필요합니다. 행복은 개인적인 성취와 성공, 그리고 내적인 감정 관리와 더불어 긍정적이고 우호적인 환경을 조성하는 것까지를 포함하는 총체적 개념입니다. 마음의 평화와 안정을 유지하며 지속적이고 안정적인 행복감을 가지기 위해 주변 사람들과 좋은 관계를 맺고 적절한 도움을 받는 것은 반드시 필요합니다.

주변 사람들과 긍정적이고 우호적인 관계를 맺고 있다면 당연히 행복에 큰 도움이 될 수 있습니다. 많은 사람들의 도움과 지원을 얻을 수 있다면 현재 경험하는 것보다 더 큰 행복을 얻을 수 있으며, 더 빨리 행복을 성취할 수도 있습니다. 그런데 지속적이고 반복되는 대인관계 갈등이나 문제가 있다면 내적·심리적 행복은 자주 무너질 수 있습니다.

즉, 행복을 유지하는 데 있어서 대인관계는 필수적으로 관리해야 하는 요소일 뿐 아니라 행복을 가로막는 요소로 작용할 위험성도 큽니다. 내가 불편하거나 자신이 없다는 이유로 피한다고 해서 해결될 수 있는 문제가 아닙니다. 대인관계를 포함하는 환경적 요소 관리는 행복의 중요한 요소이며, 적극적으로 관리하고 대처해야만 하는 이슈입니다.

물리적 환경도 중요하다

행복에 영향을 미치는 환경적 요소의 기본은 물리적 환경입니다. 아무리 심리적으로 만족하고 즐겁더라도 물리적 환경이 열악하다면 행복이 지속되기 어려울 수 있습니다. 특히 나이가 먹을수록, 또는 돌보아야 하는 가족이나 주변 사람들이 많을수록 더욱 그렇습니다. '곳간에서 인심난다!'는 말이 있듯이 기본적인 곳간을 갖추고 있어야 안정적인 행복이 유지될 가능성이 높아집니다.

단, 번쩍번쩍하고 멋진 동네에 럭셔리한 집에서 살아야만 행복이 유지되는 것은 아닙니다. 내가 원하고 바라는 환경이 무엇이며, 그것을 얼마나 만족할 수 있는지가 더 중요합니다. 그 옛날 한 시대를 풍미했던 록 밴드 넥스트가 부른 노래 〈도시인〉의 가사처럼 "아침엔 우유 한 잔, 점심엔 패스트푸드"를 쉽게 먹을 수 있는, 회색빛 도심 한가운데에서 만족과 행복을 느낄 수도 있습니다. 반면 보통 사람들은 '왜 저기에서 사는 거지?'라고 생각할 수도 있으나 조용하고 아무도 없는 산속에서 자연인처럼 사는 삶에서 만족감과 행복을 느끼는 사람도 있습니다.

또는 도심도 싫고 너무 외진 자연도 싫다면 내 마음대로 꾸밀 수 있는 나만의 공간이 있으며 마음이 싱숭생숭할 때 천천히 산책을 할 수 있는 동네에만 살아도 좋을 것입니다. 아니면 조금만 걸어가면 은은한 커피 향을 맡으며 자신이 좋아하는 커피 한 잔을 느긋하게 마실 수 있는 카페 정도가 있는 도심 외곽에 사는 것도 선택일 수 있습니다. 어떤 물리적 환경을 선호하는가 하는 것은 결국 본인의 선택이며, 정답이 없습니다. 열심히 일하고 돈을 벌어서 자신의 경제적 능력 수준을 고려해 자신이 원하는 최선의 환경을 선택하고 그 상황을 즐기면 되는 것입니다.

그런데 대인관계의 경우에는 물리적 환경에 비해 좀 더 복잡하고 상호 역동적인 특성을 가지고 있습니다. 게다가 이는 개인의 성격과 밀접한 관련이 있으며, 물리적 환경보다 훨씬 더 까다롭고 복잡한 개인적 선호와 상대방의 선호와 반응까지도 포함해서 고려해야 합니다.

누가 도움을 줄 수 있는가

지금 당신의 핸드폰 주소록을 한번 둘러보시기 바랍니다. 수십 명에서 수백 명의 이름들이 있을 수도 있고, 직업이나 성격에 따라서는 수천 명의 사람들을 등록해 놓은 분들도 있을 것입니다. 그 이름들을 하나씩 둘러보면 여러 가지 감정들이 느껴질 수 있습니다. 어떤 이름은 오랜만에 보는 것만으로도 미소 짓게 되며 흐뭇한 마음이 솟구칠 것이나 어떤 이름은 보는 것만으로도 아직 해결되지 않은 '빡침'에 기분이 불쾌해질 수 있습니다.

나만의 행복을 위해서 관리해야 하는 대인관계는 이처럼 긍정이건 부정이건 뚜렷한 감정적 반응이 생기는 사람들입니다. 긍정적인 감정이 들게 하는 사람들은 당연히 나의 행복에 아주 중요하고 큰 기여와 역할을 할 수 있는 소중한 관계들입니다. 만약 내가 어떤 방식으로든 도움을 요청한다면 흔쾌히 도와줄 것이며, 이를 통해 나는 더욱더 행복할 수 있습니다. 내가 행복해진다면 이를 기반으로 그 사람도 행복하게 해주거나 그동안 받았던 도움과 지원에 보답할 수 있는 기회를 찾을 것입니다. 이와 같은 즐거움과 도움의 기브앤드 테이크(Give-and-Take)를 반복하면서 서로의 행복이 더욱 커질 것입니다.

　그런데 나만의 행복을 위해서는 부정적 감정이 들게 하는 사람들 또한 관리해야만 합니다. 왜냐하면 이들과의 이슈나 문제는 나만의 행복을 가로막을 수 있는 잠재적인 위험요소이기 때문입니다. 물론 불편하고 관심도 가지고 싶지 않겠지만 피한다고 해결될 문제는 아닙니다. 적어도 나의 행복에 방해가 되지 않도록 하는 최소한의 노력이나 관리가 필요합니다. 때로는 적극적인 내적 해결과 타협을 통한 효과적인 무시를 해야 할 때도 있습니다.

어떤 도움을 받아야 하는가

그렇다면 주변의 환경, 특히 대인관계로부터 어떤 도움을 받아야 하는 걸까요? 개념적으로 구분하자면 정서적 지지와 상호 의존을 포함하는 심리적 지원과 업무상 또는 생활상의 도움을 포함하는 현실적 지원 등이 필요합니다. 물론 혼자서도 충분히 행복할 수 있습니다. 그렇다고 해서 다른 사람들의 지원이나 도움이 필요 없다는 것은 아닙니다. 타인들의 도움과 지원을 받을 수 있다면 훨씬 더 행복하고 풍성한 심리적 활동을 유지할 수 있습니다.

사람은 기본적으로, 본능적으로 의존적이며 타인과의 관계에 대한 요구와 기대를 가지고 있습니다. 다만 사람들의 성격에 따라 대인관계에 대한 동기나 내적 요구가 크거나 작을 수는 있습니다. 대인관계에서 적극적인 관계를 추구하거나 수동적이고 소극적인 관계 패턴을 보일 수는 있습니다. 하지만 누구라도 관계에 대한 요구는 존재하며, 크고 작건 이 요구들이 충족되지 못하고 좌절되면 심리적 안정과 평화를 얻는 데 문제가 생길 수 있습니다. 그래서 관계와 관련된 자신의 내적 요구 수준을 정확히 파악하고 그에 상응하는 관계 관리를 하는 것이 필요합니다.

누구라도 마음이 공허하고 허전할 때가 있는 법이며, 외롭고 힘들 때도 있습니다. 이럴 때 마음의 위로와 지지가 되는 사람이 있다면 심리적인 어려움과 위기를 벗어나는 데 큰 도움이 됩니다. 비록 상태나 상황이 좋을 때는 이와 같은 타인들의 지원이나 도움이 없더라도 큰 불편함을 못 느낄 수 있습니다.

그러나 마음이 허전하고 힘들거나 외로움이 밀려오고 사람이 그리워질 때 마음의 지지가 되는 사람이 주변에 없다면 힘든 마음이나 외로움이 더욱더 커질 수 있습니다. 심각한 마음의 타격과 손상이 생길 수도 있습니다. 이는 몸이 건강할 때는 별로 불편함이 없다가도, 몸이 아프고 힘들면 더욱 서럽고 서운한 마음이 드는 것은 물론 병도 빨리 낫지 않고 더 심각해질 수 있는 것과 마찬가지입니다.

더불어 기쁠 때 같이 기쁨과 즐거움을 나눌 수 있는 사람이 있는 것 역시 중요합니다. 또한 놀고 싶을 때 놀아줄 사람이 있는 것도 중요합니다. 구체적으로는 '치맥'을 즐기며 유쾌한 분위기에서 수다를 떨 수 있는 사람이 있을 수 있고, 코인노래방에서 함께 노래 부르고 춤추기에 좋은 사람이 있을 수 있습니다. 조용한 카페에서 조용한 담소를 나누기 좋은 그룹이 따로 있다면 더욱더 좋습니다. 그것이 배우자나 애인과 같이 아주 밀접하고 가까운 사람일 수도 있으나 그렇지 않아도 상관없습니다.

자신의 애인이나 배우자가 가수 싸이의 노래 〈연예인〉처럼 '나의 연예인이 되어 내가 원할 때 댄스 가수와 발라드 가수를 다 해줄 수 있는 사람'이 되기를 원하는 것 또한 비현실적인 환상입니다. 유쾌하고 활발한 성격으로 기분이 업 되면 신나게 춤추고 노래하는 것을 좋아하는 외향형 친구와 차분하고 조용한 성격이지만 나의 말을 진지하게 경청하고 진심이 담긴 위로의 말을 해줄 수 있는 내향형 친구를 모두 주변에 두고 관리하는 것이 현실적입니다.

도움을 받는 구체적인 방법들

많은 사람들이 외롭고 힘들 때, 그리고 사람이 그리울 때, 어떻게 해야 하는지에 대해서 고민하고 갈등합니다. 그런데 외롭고 힘들 때 다른 사람들의 도움과 지원을 얻는 방법은 아주 간단합니다! 그냥 말하면 됩니다. "나 힘들어!", "나 좀 도와줘!", "나 힘든데, 나랑 얘기 좀 해줄래?", "나… 오늘은 기분이 좀 그래서… 위로와 지지가 좀 필요한데… 도와줄래?"라고 말하면 됩니다.

그런데 도움을 요청하는 것을 어려워하는 분이 많습니다. 여기에는 여러 가지 이유가 있습니다. 첫째는 이와 같은 나의 요구를 다른 사람들이 싫어할 것이라는 생각입니다. 둘째는 이와 같은 나의 요구를 다른 사람들이 거절할지도 모른다는 생각입니다. 셋째는 이와 같은 나의 요구를 상대방이 응해줬을 때 상대방에게 느끼는 마음의 부채가 너무 크기 때문입니다.

이를 해결하는 방법도 간단합니다. 첫째는 이와 같은 나의 요구를 충분히 긍정적으로 받아들여주고 위로와 지지를 해줄 마음이 분명한 친구들의 리스트를 정리해서 가지고 있는 것입니다. 좀 더 적극적인 차원에서 보면, 이와 같은 관계의 친구들을 미리부터 만들고 관리하면 더욱더 좋습니다. 만약 당신이라면 좋은 마음을 가지고 있고 좋은 관계에 있던 사람이 '심리적 지원과 지지'를 부탁한다면 싫어하겠습니까, 아니면 '그래도 나를 좋은 친구로 생각하고 있구나!'라고 해석하며 적극 도와주겠습니까? 이 책을 읽는 분들은 후자가 많을 것이라고 생각합니다. 아마 상대방도 그런 마음일 것입니다.

둘째는 누군가가 나의 요구를 거절한다면 거절 안 하는 다음 사람을 찾으면 됩니다. 왜냐하면 누구라도 사정이라는 것이 있기 때문에 나의 갑작스러운 요구에 싫어서가 아니라 어쩔 수 없이 거절하는 경우도 있습니다. 따라서 적어도 3명에서 5명 정도의 후보자를 생각하고 도움을 요구하고 그중 한 명에게라도 도움을 받으면 됩니다. 당신이 생각하듯이 싫거나 부담스러워서가 아니라 현실적인 제한으로 인해 거절할 수밖에 없는 상황일 수도 있습니다. 게다가 상대방이 "아⋯ 미안한데 오늘 내가 이미 선약이 있어서. 미안해"라고 말한다면 이는 거절이 아닙니다! 나 자신이 거절이 너무 두려웠거나 거절로 해석했을 뿐입니다. 진짜 거절하는 사람이 있다면? 그 사람에게는 다음부터 부탁을 안 하면 됩니다! 이것이 현실적인 솔루션입니다.

셋째는 자신이 어떤 요구를 하는 것에 있어 마음의 부채에 대한 부담감을 줄이는 것입니다. 마음의 부채는 나중에 갚으면 되는 것이며, 오랫동안 좋은 관계를 유지해 왔던 사람이라면 앞으로도 마음의 부채를 갚을 기회는 충분히 있습니다. 그냥 감사한 마음으로 오늘의 도움을 즐기고, 고마운 마음으로 다음에 갚을 기회를 노리면 되는 것이고, 나중에 실제로 갚아주면 되는 것입니다.

만약 이 정도의 마음의 부담도 가지기 싫다면 미리부터 작업을 해서 적금이나 보험을 들어놓듯이 부담을 느끼지 않을 정도로 먼저 '기브(Give)'를 제공해 놓는 것입니다. 그렇게 먼저 '기브'해 놓았다면, 내가 필요할 때 좀 더 당당하게 '테이크(Take)'를 요구할 수 있습니다. 혹시라도 내가 충분히 '기브'했음에도 불구하고 내가 필요할 때 '테이크'할 수 없거나 '찐 거절'을 한다면, 그 사람과의 관계는 나의 우선순위에서 하위 등급으로 내리면 됩니다!

기쁨은 나누면 배가 되고
슬픔은 나누면 반이 된다

옛말에 '기쁨은 나누면 배가 되고, 슬픔은 나누면 반이 된다'는 말이 있습니다. 이는 형식적인 표현이 아니라 심리학적 차원에서는 아주 명백한 진리입니다.

기쁨과 즐거움을 함께 이야기하고 나누면 그 즐거움은 더욱 크게 느껴지며 서로 간에 상승작용을 합니다. 어떤 사람과 어떤 상황에서 그와 같은 즐겁고 행복한 경험을 했는가에 대한 기억은 분명해집니다. 그리고 이와 같은 활동을 반복한다면 나중에 어떻게 즐거움과 기쁨을 얻을 수 있는지에 대한 확실한 방법을 학습하는 것입니다. 기쁘고 싶을 때 혹은 왠지 기분이 울적하고 외로워서 즐거움과 기쁨이 간절히 필요할 때가 있다면 이를 유용하게 사용할 수 있습니다.

친구들과 유쾌하고 즐겁게 맛있는 저녁을 먹었다면 나중

에 그 당시의 일을 떠올려 이야기하는 것만 해도 그때의 즐거움을 재경험할 수 있습니다. 오랜만에 만난 친구들과 어린 시절 혹은 예전의 일들을 같이 이야기한다면 그동안 잊었던 아련하고 뭉클한 추억을 떠올리고 되새김할 수 있습니다. 위로가 되는 친구와 손 마주 잡고 펑펑 울면서 힘들었던 마음을 털어놓으면 다치고 힘들었던 마음이 조금이나마 풀립니다. 만약 친구의 위로가 적절하고 효과적이라면 친구 사이에서도 마음이 치유되고 힐링되는 느낌을 받을 수 있으며, 이와 같은 일을 반복하면 다치고 힘든 마음은 조금씩 회복될 수 있습니다.

이는 심리치료와 상담의 핵심적 기법이며, 심리치료와 상담에서도 같은 과정을 거칩니다. 이와 같은 과정을 통해서 우울증도 치료될 수 있으며, 평생 가지고 있던 트라우마가 해결되기도 합니다. 물론 상황이 심각하고, 혼자 해결하기 어렵다면 전문가를 찾는 것이 맞습니다. 하지만 우리가 살면서 겪는 대부분의 힘든 일들은 좋은 사람들과 기쁨과 아픔을 나누는 정도로도 충분히 극복할 수 있습니다. 단, 기쁨을 함께해 더욱 기쁘고, 슬픔을 나누어 반으로 줄일 수 있는 사람이 필요할 뿐입니다. 그리고 그런 사람들은 그냥 오는 것이 아닙니다. 미리 준비하거나 내가 먼저 베푸는 정도의 노력을 해야 합니다.

저와 같은 심리 전문가를 찾아오실 정도면 마음이 많이 힘들고 마음의 고통과 손상이 크신 분들인 경우가 많습니다. 그분들께 항상 강조하는 바가 있습니다.

"수단과 방법을 가리지 말고 무조건, 열심히 행복하세요!"

이와 같은 접근법은 누구에게나 적용되는 너무도 당연한 진리입니다. 행복은 노력입니다. 행복은 습관입니다. 이기적이어도 됩니다. 내가 행복해야 남에게도 행복을 전달할 수 있습니다. 행복은 간절하고 처절하게 추구하는 것이 맞습니다. 그래야만 나의 심리적 평화와 안정을 가질 수 있으며, 이를 기반으로 세상과 다른 사람들에게 선한 영향력을 행사할 수 있습니다. 혼자서만 애쓰고 고민하고 노력하지 마십시오. 주변에 손을 내밀고 함께해 더 크고 완벽한 행복을 추구하십시오.

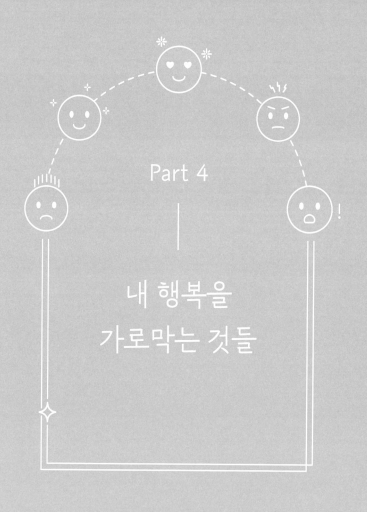

Part 4

내 행복을
가로막는 것들

우리가 행복을 찾기 위해 노력하는 만큼 우리의 행복을 가로막는 것들을 찾아서 해결하는 것도 중요합니다. 특별한 문제나 어려움이 있는 것도 아니며, 갖출 것들을 대부분 갖추었음에도 불구하고 왠지 삶이 공허하고 행복하지 못하다면 이처럼 나의 행복을 가로막고 있는 것들에 대해서 진지하게 생각해 볼 필요가 있습니다. 과연 어떤 것들이 나의 행복을 가로막고 있을까요?

Chapter 12

나의 행복을 가로막는
나쁜 습관들

행복한데 행복하지 않은 사람들

남들이 보기에는 아무런 문제가 없고 충분히 행복할 것 같은데 막상 본인은 행복하지 않은 사람들이 있습니다. 충분한 경제적 능력과 사회적 지위, 그리고 원만한 대인관계나 화목해 보이는 가족 등 갖출 만한 것을 다 갖추고 있는데도 막상 본인은 공허함에 시달리고 불행하다고 말하기도 합니다.

또한 남들이 보기에 혹은 객관적인 조건에 비해 주관적으로 느끼는 행복감이 적을 수도 있습니다. 진학이나 승진, 혹은 연애나 결혼 등 다른 사람들은 대부분 다 기뻐하고 즐거워하거나 보통은 행복한 사건이라고 말하는 일들을 치르면서도 막상 당사자는 그렇게 행복해 보이지 않거나 시큰둥한 행복만을 느끼기도 합니다.

우리는 행복하기를 바라며 행복하려고 많은 노력을 기울이지만 때로는 '행복 강박증'에 얽매여 지금 가지고 있는 행복을 즐기기보다는 더 큰 행복과 이상적인 행복을 찾아서 끊임없이 방황하기도 합니다. 우리는 왜 행복할 수 있음에도 불구하고 불행하다고 느낄까요? 우리 스스로 자신의 행복을 가로막는 요소들을 제거하는 것 또한 '진정한 나만의 행복'을 위해 반드시 거쳐야 하는 과정입니다.

행복이라는 것이 워낙 주관적이고 정서적인 것이기 때문에 다른 사람들 또는 일반적인 경우와 달리 불행하거나 덜 행복해 보일 수는 있습니다. 하지만 만약 그와 같은 불행이나 충분한 행복을 느끼지 못하는 원인이 잘못된 습관이나 생각 또는 감정 패턴에 있다면 적극적으로 해결하고 개선할 필요가 있습니다. 이를 개선함으로써 불행의 사슬에서 벗어나 행복감을 느낄 수도 있으며, 현재보다 더욱더 행복한 마음의 풍요를 누릴 수 있습니다.

의존적 행복 탐구생활

나만의 행복을 가로막는 첫 번째 원인은 자신의 행복을 타인이나 환경적 조건에 의지하는 것입니다. 이는 행복을 얻거나 추구하는 방법의 문제로서, 스스로 주도적으로 행복을 만들어 가기보다는 나에게 행복을 줄 수 있는 사람을 찾아 헤매거나 돈이나 환경 등 행복하기 위한 물리적 조건에 의지하는 것입니다.

이처럼 자기 스스로가 아닌 외적 요소에 의존해 행복을 추구하는 것은 행복을 얻지 못하거나 행복을 얻더라도 외적 조건이 변화하면 행복이 날아가지 않을까 하는 걱정과 염려에 사로잡히게 됩니다. 행복뿐 아니라 어떤 성취이건 간에 스스로 노력해서 얻은 것일 때 가장 가치가 있고 보람이 있습니다. 스스로 통제권을 가지고 있을 때 가장 안정적으로 획득한 것을 즐길 수 있습니다. 그래야만 원하는 것을 얻는 과정에서의 투자와 노력으로 인한 만족감이 가장 클 뿐 아니라 결과로 인한 만족감도 가장 큽니다.

행복과 같은 심리적인 요소들의 경우에는 더욱더 그러합니다. 타인이나 상황에 의지해 행복을 추구한다면 행복을 얻기도 힘들뿐 아니라 행복을 얻더라도 그것을 놓치지 않을까 전전긍긍하게 되는 과정을 반복하게 됩니다. 그래서 행복하기 어렵거나 원래 수준보다 훨씬 덜 행복하다고 느낄 수 있습니다. 이와 같은 습관은 반드시 고칠 필요가 있으며, 스스로 만들어 내는 행복에 집중할 필요가 있습니다.

카페인과 비교 경향

나만의 행복을 가로막는 두 번째 원인은 남들과 자신의 행복을 끊임없이 비교하는 것입니다. 이는 행복 수준에 대한 자기만족 문제로, 충분히 만족할 수 있는 자신의 행복 수준을 타인들과 비교하면서 상대적으로 좌절과 결핍으로 느끼는 것을 말합니다.

　우울증으로 저를 찾으시는 내담자 혹은 자신이 불행하다고 생각하는 분께는 우선 '카페인(카카오스토리, 페이스북, 인스타그램)'부터 금지하도록 합니다. 왜냐하면 '카페인'의 특성상 그곳에는 남들에게 보이고 자랑하고 싶은 편향적이고 왜곡된 타인들의 모습이 가득합니다. 그런데 이들의 일부분만을 보면서 자신과 비교한다면 현재의 나 자신이 초라하게 느껴지기 때문입니다. '카페인'은 왜곡된 허상이며, 그 뒤에는 남들에게 알리고 싶지 않은 숨은 현실들이 가득할 것입니다.

　현재 행복 수준을 다른 사람들과 비교하면서 '왜 나는 저들만큼 행복하지 않은 것일까?'라고 생각하는 것입니다. 특히, 타인의 행복과 비교하는 과정에서 타인의 행복을 부러워하면서 현재에 만족하지 않고 행복에 대한 자신의 기대수준을 높이는 경우 불행의 굴레에서 벗어나기 어렵습니다. 이와 같은 균형적이고 객관적인 관점을 유지하지 못한 채, 그들의 허상과 자신을 비교하면서 실제로는 그렇지 않은데도 자신의 현재를 초라하다고 해석하는 과정은 스스로를 불행의 늪에 더욱 깊게 빠지게 합니다.

각자의 조건이나 상황이 모두 다르며, 성격이나 선호가 다름에도 불구하고, '카페인'에 올라온 모습만을 보면서 자신을 초라하게 느끼는 과정을 반복한다면 나만이 느낄 수 있는 특별하고 고유한 행복을 누릴 수 없습니다.

무감정과 감정회피

나만의 행복을 가로막는 세 번째 원인은 '무감정' 또는 '(의도적으로) 감정 자체를 회피'하는 것입니다. 이는 행복을 위한 필수적 전제인 정서적 능력의 문제로서, 행복 자체를 경험할 수 없는 기본적인 심리적 능력의 문제를 반영합니다.

행복이란 기본적으로 심리적이며 정서적인 속성을 가지고 있습니다. 따라서 심리적인 측면에 대한 인식이나 관리능력(Psychological Mindedness)과 정서적 인식 및 공감능력을 필요로 합니다. 이와 같은 기본적인 심리적 이슈에 대한 마인드와 정서적 능력상의 결핍이나 문제가 있다면 행복감을 경험하는 데 문제가 발생합니다.

행복하기 위해서는 긍정적 감정을 느끼는 것과 더불어 불편하거나 힘든 감정을 느끼는 경우 이를 적극적으로 해결하고 개선해야 합니다. 무감정의 경우에는 이와 같은 일련의 과정들이 결핍되어 있거나 혹은 관련된 능력들이 현저히 떨어지기 때문에 행복감을 경험하기 어렵습니다.

　　또 다른 경우는 의도적으로 감정을 배제하는 것이 습관화된 사람입니다. 어린 시절 부모의 부적절한 행동으로 인해 불편한 감정을 많이 겪거나 개인적으로 큰 심리적 상처나 트라우마를 경험한 사람에게서 자주 발생합니다. 어린 시절 불편하고 힘든 감정을 견디기 힘든 경우 아예 이를 느끼지 않는 것 외에는 견딜 방법이 없어 자신을 보호하기 위한 방어기제로 감정 회피 습관을 들이게 됩니다. 이와 같은 경우, 고통스럽고 힘든 감정을 피하기 위해 감정 회피를 시작하나 궁극적으로는 행복과 같은 긍정적 감정을 경험하는 데에도 큰 방해물이 됩니다. 어떤 이유이건 긍정적 감정과 부정적 감정을 느끼는 것은 당연하고 자연스러운 과정입니다. 그런데 이와 같은 능력에 결함이 있거나 관련된 능력이 현저히 떨어진다면 행복감을 경험하기 어렵습니다.

완벽주의적·문제 중심적 사고와 행동

나만의 행복을 가로막는 네 번째 원인은 완벽주의적 생각과 행동입니다. 이는 세상을 살면서 겪는 삶의 문제들을 처리하고 해결하는 것과 관련된 태도로서, 지나친 완벽주의적 사고나 행동 및 그에 관련된 문제 중심적 사고와 행동은 나만의 행복을 경험하는 데 있어서 방해가 됩니다.

완벽주의적 태도 자체는 당연히 문제가 아닙니다. 오히려 긍정적이고 고성과나 긍정적 결과를 만들어 내는 원동력이 됩니다. 실제로 완벽주의적 생각과 행동으로 인해 행복하지 않다고 느끼는 것은 소위 성공한 사람들에게서 자주 나타나는 현상이기도 합니다. 사회적으로도 성공했으며 남들은 다들 부러워할 정도의 사회적 지위나 능력을 보유하고 있음에도 불구하고 자신의 삶이나 수준에 만족하지 못하고 끊임없이 더 큰 만족과 행복을 위해 방황합니다.

완벽주의적 태도는 높은 수준의 내적 기준을 가지고 있음을 의미합니다. 이로 인해 높은 수준의 목표가 완벽하게 달성되어야만 성취감이나 행복을 느끼게 됩니다. 따라서 자신이 이루거나 성취한 것보다는, 성취하지 못하거나 부족한 부분들에 초점을 두게 되어 심리적 만족감이나 행복감을 느끼지 못하는 부작용이 발생하기도 합니다.

마치 수학 성적을 95점이나 받은 수학 영재인 학생이 시험이 끝난 후 '와우~ 하나 틀린 게 아쉽기는 하지만 그래도 이 정도면 충분히 잘했어! 다음에는 더 열심히 하고, 실수하지 말아야지!'라고 생각하기보다는 '아… 정말 아깝다… 아쉽다… 왜 그걸 하나 놓쳐서… 아… 정말 나는 왜 그렇게 자꾸 실수를 할까?'라고 다그쳐서 스스로 스트레스와 심리적인 어려움에만 빠져 있는 경우와 같습니다.

지나치게 경직된 완벽주의적 태도로 인해 자신이 생각하는 완벽한 수준에 이르지 못하면 절대로 만족하지 못하거나, 긍정적인 부분이나 성취한 부분들보다는 문제가 있거나 아쉬운 부분에만 집중해서 생각하는 경우 충분히 행복할 수 있음에도 불구하고 불행감에 빠져 있거나 더욱더 행복할 수 있는 기회를 스스로 놓치게 되는 문제가 발생합니다.

과도한 독립성과 자율성

　나만의 행복을 가로막는 다섯 번째 원인은 지나친 '독립성' 또는 '자율성'을 추구하는 것입니다. 이는 행복에 지대한 영향을 미치는 대인관계 패턴과 관련된 문제로서, 대인관계에서 얻을 수 있는 행복을 놓치거나 대인관계로 인해 행복이 감소하는 결과를 낳습니다. 구체적으로는 지나친 독립성이나 자율성 추구로 인해 타인에게 적절한 의존을 하지 못해 충분한 도움이나 지원을 받지 못할 수 있습니다. 혹은 타인과의 교류나 관계 과정에서 발생할 수밖에 없는 간섭이나 통제에 대한 지나친 불편감을 느끼거나, 불편감을 해결하는 능력이 부족할 수도 있습니다. 이는 행복에 지대한 영향을 미치는 대인관계 패턴과 관련된 문제로서, 타인에게 적절한 의존을 하거나 타인과의 교류나 관계 과정에서 발생할 수밖에 없는 간섭이나 통제에 대한 지나친 불편감 또는 불편감을 해결하는 능력의 부족 등을 말합니다.

　사람은 누구나 당연하게 '독립성'을 학습하고 개발해야만 합니다. 하지만 그와 더불어 건강한 '의존성'도 형성하고 활

206 • 오늘부터 나만 행복하기로 했다

용할 수 있어야 합니다. 또한 사람은 누구나 타인의 간섭이나 통제가 불편하며, 하고 싶은 대로 할 수 있는 '자율성'을 최대한 보장받고 싶어 합니다. 하지만 다른 사람들과 더불어 사는 것은 어쩔 수 없는 인생의 숙명이고 그 과정에서는 필연적으로 타인과의 타협과 조율이 필요합니다.

누군가에게 의존한다는 것은 관계에서 만족과 즐거움을 얻을 수 있으나 다른 한편으로는 의존에 따른 자기 상실이나 지나친 의존성에 빠져버릴 것에 대한 두려움을 포함합니다. 또한 타인들과 더불어 사는 것으로 인해 즐거움과 만족을 얻을 수 있으나 나만의 요구대로만 살 수는 없습니다. 더불어 함께하는 사람들의 요구나 기대를 함께 고려해야만 하는 부담이 있습니다.

누군가에게 간섭이나 통제 없이, 또는 타협과 조율을 하지 않으면서도 남들과 어울리며 즐거움과 만족을 얻는 방법은 없습니다. 행복에 있어서 타인들과의 건강하고 긍정적인 관계는 필수이며, 외로움과 고독은 행복을 방해하는 핵심적 요소입니다. 따라서 건강한 의존과 타인과 자신 모두가 만족할 수 있는 타협이나 조율을 할 수 있는 능력은 행복에 꼭 필요한 필수적 능력입니다.

타인의 간섭이나 통제, 또는 조율과 타협 과정에서 발생하는 내적 요구의 좌절이나 스트레스가 불편하다고 지나치게 과도한 '독립성' 또는 '자율성'을 추구하는 경우 행복하지 못하거나 대인관계라는 행복의 주요 영역 하나를 놓칠 수 있습니다.

Chapter 13

잡생각이 내 행복을 막는다

생각한다, 고로 나는 존재한다

생각은 인간을 인간답게 하고, 현재 인간들이 이룩한 현재를 만드는 가장 큰 원동력입니다. 생각의 다른 표현은 '사고(思考)' 또는 '사유(思惟)' 등이 있습니다. 영어로는 'thinking'과 더불어 문장 맥락에 따라 'reason', 'cause', 'consider' 등으로 번역하기도 합니다. 생각과 관련된 여러 가지 표현들을 고려해 종합적으로 정의해 본다면, 살아가면서 겪는 자극이나 상황에 대해 있는 그대로 단순히 받아들이는 것이 아니라 '왜 그렇지?'라는 의문을 기반으로 어떤 현상이나 문제들의 비가시적인 구조와 개념, 그리고 원인과 대안 등을 모색하는 종합적인 심리적 활동이라고 볼 수 있습니다.

이를 다시 정리해 본다면, 생각은 인간을 인간답게 하는 주요 정신적 활동으로써 인간이 경험하는 사건이나 현상에 대해 다음과 같은 작업을 수행하는 것입니다.

- 원인 추론: 그 원인이 무엇인지를 밝히고
- 프레임 구성: 현상을 설명할 수 있는 개념을 설정하고 구조화하며
- 의미 부여: 프레임과 원인을 고려해 현재 발생하는 일에 대해 의미를 부여하고
- 반응: 긍정 혹은 부정, 또는 최적의 효과적인 반응 행동을 결정해 실행하거나
- 문제 예방 또는 해결: 문제 또는 피해가 발생했던 원인을 발견해 더 이상의 문제나 피해가 반복되지 않도록 하는 예방적 대처를 하는 역할을 합니다.

이와 같은 사람들의 사고 능력은 인간을 제자리에 머물지 않고 발전하도록 했습니다. 하늘에 뜬 별과 달을 보며 '저 하늘의 끝에는 무엇이 있을까?'라는 생각에서 천문학이 발달하고 우주 정복을 추진할 수 있었습니다. 갑자기 내리는 비에 속수무책 당하는 것에서 기상학이 발전했으며, 이를 극복하기 위한 대책으로 댐을 건설해 비로 인한 피해를 조절하고자 했으며 이제는 인공 강우를 실험하고 있습니다.

'왜?'의 가치와 역할

이처럼 현상을 있는 그대로 받아들이고 판단하는 것이 아니라 '왜?'라는 질문을 통해 인간은 발전해 왔습니다. 그런데 이와 같은 '왜?'는 과학 기술의 발전에만 필요한 것이 아닙니다. 대인관계나 심리적 측면에서도 '왜?'는 필수적입니다. "대체 저 인간은 '왜' 저러는 거야?"라는 궁금증을 통해 상대방의 의도나 목적을 파악할 수 있어야만 상대방이 나에게 피해를 주거나 살면서 문제가 생기는 것을 최대한 예방할 수 있습니다. 또한 "나는 '왜' 그랬을까?"라는 자문을 통해서 자신의 행동을 이해하고 타인에게 미치는 영향을 분석할 수 있으며, 혹시라도 있을 수 있는 문제를 개선해 더 나은 삶을 만들 수 있습니다.

구체적으로 보자면 나 자신과 상대방의 행동 또는 관계와 관련해 다음과 같은 기능을 수행합니다.

- 의도와 목적 파악하기: '왜 나를 쳐다보는 거지? 호감이야? 아니면 시비 거는 건가?' 또는 '내가 저 사람과 가까이 지내고 싶은 이유는…'
- 나와 상대방의 성향과 특성 파악하기: '내가 뭘 잘못했나?' 또는 '성격 참 더러운 인간이네'
- 최적합 반응 결정하기: '어휴… 속 터지지만 참자…' 또는 '그래 한판 붙자'
- 행동을 통한 결과 예측하기: '참았더니 큰 문제는 안 생겼네!' 또는 '한판 붙었다가 나도 상대방도 폭망했네'
- 특성이나 행동의 개선과 변화하기: '그냥 참으면 안 되겠어! 스트레스를 풀어내야지' 또는 '다시는 성질부리

지 말아야겠다', 그리고 '저 인간 좀 뜯어고치고 싶네' 또는 '저런 인간은 상대를 하지 말아야지!'

나 자신 또는 대인관계와 관련해 생각은 다양한 영역에 영향을 미치며, 복잡한 과정을 거치게 됩니다. 그러나 이와 같은 이슈들에 대한 자신만의 해답을 가지고 있다고 해도 그것은 내 경험에 기초해 형성된 나만의 대답일 뿐 다른 사람들은 다른 경험을 했기 때문에 다르게 생각하고 다르게 판단할 수 있습니다. 게다가 상대방 또는 나 자신의 행동과 관계에 대한 추론 과정에서 오류들이 발생한다면 잘못된 판단에 기초한 잘못된 결과를 가져올 수도 있습니다. 그래서 '왜?'라는 질문이 필요하기는 하지만 선을 넘거나 오류가 포함되어 있다면 그에 따른 문제들이 발생하게 됩니다.

잡생각부터 줄여라

이와 같은 인간의 사고 또는 사유 능력에도 단점이나 부작용이 있습니다. 우리 자신을 힘들게 하는 첫 번째 생각 패턴은 '잡생각'입니다. 잡생각은 과도한 생각 또는 필요 없는 생각으로써 심리적 에너지를 불필요하게 소모하게 합니다. 또한 잡생각으로 인해 불필요한 감정을 경험하게 되며, 불필요하고 부정적인 감정으로 인해 나 자신도 힘들고 타인도 힘들어지는 결과를 낳습니다.

잡생각은 여러 가지 패턴이 있는데, 그 첫 번째는 사실에 기초하지 않는 생각입니다. 생각을 검증하거나 정리할 때 그것이 객관적인 사실인지, 내가 만들어낸 생각인지부터 구분해야 합니다. 우리는 종종 지나치게 많은 생각을 해서 사실이 아닌 것으로 인한 잡다한 생각과 그로 인한 감정을 일으킵니다. 사실은 변하지 않으나 사실에 대한 해석이나 생각은 틀리거나 잘못될 수 있으며, 변화할 수 있습니다.

사실에 기초하지 않거나 지나친 과잉 사고로 인한 대표적인 잡생각은 의심입니다. 상대방의 언행에 대해 사실적 행동이나 설명을 그대로 인정하거나 믿으면 간단한 것을 "거 짓말하고 있네! 솔직히 말해봐! 너 실은 다른 사람 만나고 있지?"라고 의심하거나 "네 말을 어떻게 믿어? 거짓말하고 있네! 너 실은……" 등 추측과 부정적인 잡생각에 기초한 소설 쓰기와 상상은 마음의 고통을 키우고 부적절한 행동을 하게 만듭니다.

잡생각 패턴 중 두 번째는 꼭 필요하지 않은 생각입니다. 지금 당장, 현재 필요한 생각이 있고, 지금 당장 하지 않아도 되는 생각들이 있습니다. 지금 당장 해결해야 할 문제들도 산더미처럼 쌓여 있는 상태에서, 지나치게 먼 미래와 관련된 고민을 하거나 너무 많은 측면들을 동시에 고려하는 경우들이 있습니다. 이제 와서 바꿀 수도 없는 과거의 일이나 건강한 반성을 넘어서는 후회에 너무 몰두하는 것도 불필요한 생각입니다.

예를 들어 연인 간의 사소한 싸움을 하는 과정에서 지금 당장의 갈등을 해결하는 데 집중하지 않고, '이렇게 계속 싸우게 되면 나중에 우리는 결국 헤어지게 될 텐데……' 또는 '하긴 우리가 뭐 이것만 안 맞나… 거의 대부분 안 맞지… 어디 맞는 구석 하나를 찾을 수가 없어! 그러게 왜 저런 인간이랑 사귀기 시작했을까? 그때 내가 미쳤지….' 등과 같은 부정적인 미래에 초점을 둔 생각이나 현재 주제와 상관없는 다른 문제들에 대한 고민까지도 끌어오게 되어 몰입하면 현재의 문제 해결은 더뎌지며 오히려 싸움이 더 커지는 문제들이 발생합니다.

비합리적 신념이 행복을 가로막는다

우리 자신을 힘들게 하는 두 번째 잘못된 생각 패턴은 비합리적 신념입니다. 비합리적 신념은 생각의 내용과 관련된 것으로써, 내적으로 가지고 있는 생각(신념 또는 원칙)이 비현실적이거나 그 내용이 잘못되어 문제가 생기는 경우입니다. 비합리적 신념의 생각의 내용이 잘못되었을 수도 있으며, 생각 자체가 너무 경직되어 있는 경우들도 있습니다. 어쨌든 이와 같은 비합리적 신념은 심리적 안녕과 평화를 해치고 행복을 가로막습니다.

대표적인 비합리적 신념 중 첫 번째는 대인관계에 대한 것으로써 '모든 사람에게 사랑받아야만 한다' 혹은 '대부분의 사람들과 좋은 관계를 맺어야 한다'는 생각을 가지고 있는 경우입니다. 이와 같은 신념이 강하다면 대인관계에 지나치게 많은 에너지를 들임과 동시에 너무 많은 스트레스와 불편감을 가질 수 있습니다. 이는 곧 대인관계에서의 스트레스와 관계상 발생하는 부정적인 감정을 가져오게 되며, 결국 행복하고 만족스러운 삶을 이루는 데 큰 방해가 됩니다. 예를 들어 학교나 회사에서 대부분의 사람들과 무난하고 좋은 관계를 맺고 있음에도 불구하고 불편한 관계에 있는 한두 명의 사람들로 인해 스트레스를 받고 그들과의 관계 문제들로 인해 좌절을 겪는 것과 마찬가지입니다.

　대표적인 비합리적 신념 중 두 번째는 자기 존중감이나 유능함과 관련된 내적 신념으로 '항상, 모든 면에서 긍정적인 인정과 평가를 받아야 한다' 혹은 '아무리 작은 실수나 문제라도 일으키면 안 된다'는 생각을 가지고 있는 경우입니다. 이와 같은 신념이 강한 경우라면 좋은 결과와 긍정적 성과를 이루었거나 지금도 충분히 잘 살고 있음에도 불구하고 자신에 대해서 너무도 엄격하거나 부정적인 평가를 하게 됩니다.

이는 생활 전반에서 지나친 긴장감을 가지게 될 뿐 아니라 사소한 실수에도 자신에 대한 평가가 좌지우지되는 부작용을 낳게 됩니다. 마치 수학 시험에서 95점을 받은 우수한 학생이 노력해서 얻은 성취에 대해서 만족하지 못하고 실수하거나 틀린 5점에 집착하는 것과 마찬가지입니다.

잡생각도 성격이다

이처럼 지금 당장 필요하지 않은 잉여사고와 잡생각, 그리고 비합리적인 신념들만 해결해도 훨씬 더 행복하고 만족스러운 삶과 대인관계를 형성하고 유지할 수 있습니다. 그런데 이를 해결하는 방법이 그리 간단하지는 않습니다. 왜냐하면 각자의 경험치가 다르며 성격이나 성향 자체가 달라서 해결방법도 다를 수밖에 없기 때문입니다.

예를 들어 너무 깊이 있는 생각 또는 필요 이상으로 복잡하게 생각하는 경향은 주로 내향형 성격의 사람들에게서 나타나는 문제인 데 반해, 잡생각 중 지금 꼭 필요하지 않은 생각이나 확산적 사고는 주로 외향형 성격의 사람들에게서 많이 나타납니다. 또한 비합리적 신념 중 관계와 관련된 신념은 주로 감정형 성격의 사람들에게서 많이 나타나는 문제인 데 반해, 능력과 관련된 신념은 주로 사고형 성격의 사람들에게서 많이 나타납니다. 이처럼 잡생각은 성격과 관련이 있기는 하나 이와는 별개로 개인적인 경험이나 부모로부터의 영향이나 교육 과정 등에서 각자 나름대로의 신념과 원칙을 형성하게 되기도 합니다.

하지만 자신의 경험이나 성격 등과는 별개로 생각을 많이 하는 사람이라면 누구에게라도 도움이 되는 건강하게 행복을 부를 수 있는 생각 방법들이 있습니다. 간단하게 요약하면, 잡생각의 경우에는 생각이나 흐름을 스스로 조절하는 능력을 연습하는 것이 도움되며, 비합리적 신념의 경우에는 생각의 내용에 대한 객관적이고 합리적인 검증과 논박을 통해서 개선될 수 있습니다.

생각을 건강하게 다루는 법

   과유불급(過猶不及)이라는 사자성어가 있습니다. 이는 '정도가 지나친 것은 미치지 못하거나 부족한 것과 같다'는 말로, 그 어떤 것이든 너무 과하고 지나친 것 역시 부정적인 결과를 가져올 수 있다는 뜻입니다. 감정 또는 사고와 같은 심리적 특성에서도 이 사자성어는 너무 잘 들어맞습니다!

   예를 들어, 적절한 공격성을 가지고 있어야 하는 것이 당연하고 건강한 것인데 공격성이 너무 과하거나 너무 부족해도 문제가 생깁니다. 또한 감수성이라는 것도 적절한 수준의 건강한 감수성은 항상 도움이 되지만, 자신과 타인의 감정에 지나치게 민감하거나 또는 아예 감정 자체를 인식하거나 공감하지 못하는 무감정도 문제입니다.

   생각도 마찬가지입니다. 생각이 인간 고유의 강점이기는 하지만 너무 과한 경우에도 문제일 수 있고, 너무 경직되어 있어도 문제일 수 있으며, 너무 생각이 없는 경우에도 문제가 발생합니다. 다만 결국 생각도 나의 것이므로 그것을 다루는 건강한 방법을 학습하면 됩니다. 생각을 다루는 건강한 방법은 다음과 같습니다.

생각을 하고 싶을 때 생각하고, 멈추고 싶을 때 멈추기
: Stop & Go

생각과 관련해 가장 먼저 해야 하는 기본적인 연습은 생각을 하고 싶을 때 시작하고, 멈추고 싶을 때에는 멈추는 훈련과 연습을 하는 것입니다. 그냥 스스로 '생각 멈추기(Stop)' & '생각 시작하기(Go)'를 할 수 있으면 되는 것입니다. 그런데 음식이야 눈앞에 보이는 실체이기 때문에 정 힘들면 음식을 치워버리거나 방안에 들어가 버림으로써 눈앞에서 사라지게 할 수 있습니다. 그러나 생각은 나의 머릿속에서 맴돌고 있으며, 구체적이고 명확한 실체가 없기 때문에 그리 쉽게 잡히지 않습니다.

그래서 생각을 멈추는 데는 조금은 다른 방법을 사용하는 것이 좋습니다. 가장 먼저 할 수 있어야 하는 것은 '멍 때리기'입니다. 아무 생각 없이 있는 상태를 만드는 연습을 하는 것입니다. 이를 전문적 심리치료 용어로는 '스톱(Stop) 기법'이라고 합니다. 지금 하고 있는 모든 생각들을 멈추고 스스로 무념무상의 상태로 만드는 것입니다. 이는 명상이나 요가에서도 자주 사용하는 방법으로 잡생각을 멈추고 생각을 정리하는 기본적이고 필수적인 방법입니다.

다른 것으로 주의와 생각을 돌려라: 주의분산법

그런데 생각을 멈추는 것이 생각보다 쉽지는 않습니다. 익숙해지고 나면 간단하지만 처음부터 쉽게 되지는 않을 수도 있습니다. 그때 사용 가능한 간단하고 효과적인 방법은 다른 생각이나 활동에 생각을 집중하는 것입니다. 예를 들어, 어린아이들이 엉엉 울고 있을 때 울음을 그치게 하는 간단한 방법은 아이가 좋아하는 장난감과 같은 물건을 옆에 보여주는 것입니다. 그럼 아이는 어느 순간 자신이 좋아하는 장난감에 정신이 팔려 우는 것을 멈추게 됩니다.

생각도 마찬가지입니다. 생각 자체를 멈추기 어려운 경우라면 다른 자극이나 활동에 집중하는 것도 좋은 방법입니다. 예를 들어 생각이 복잡할 때 격한 운동을 하는 사람이 있는데, 몸이 너무 힘들고 과한 신체적인 어려움이 생겨서 '죽을 만큼 힘들다'고 느끼게 되면 생각에 투자할 심리적 에너

지나 여유가 없어져 결국 생각은 단순해지거나 아무 생각도 하지 않게 됩니다. 또는 스트레스가 많을 때 게임이나 유튜브의 자극적인 영상에 집중하는 사람도 있는데, 이 또한 강렬한 자극이나 다른 자극거리에 몰입함으로써 현재 하고 있는 생각으로부터 벗어나는 방법으로 활용하는 것입니다.

내 생각의 진정한 주인이 되자

섭식(攝食, eating)은 사람이 생존하기 위해 필수적인 활동입니다. 하지만 폭식이나 불규칙한 식사 등 건강하지 못한 섭식 행동은 오히려 건강을 해칩니다. 신체적 건강을 유지하기 위해서는 건강한 식사 습관을 들여야 하는 것은 물론이며 폭식과 같은 섭식 관련 문제 행동은 반드시 개선해야만 합니다. 그렇다면 폭식은 어떻게 조절할 수 있을까요?

폭식이나 불규칙한 식사, 또는 해로운 음식 섭취 등과 같은 문제 행동을 발견해 개선함과 더불어 보다 건강한 식습관을 학습하고 적용해야 합니다. 그런데 분명한 것은 폭식 행동과 같은 건강하지 못한 섭식 행동을 조절하고 개선하는 데 있어서 가장 중요한 것은 섭식 행동에 대한 문제의식을 가지고 본인 스스로 통제하고 조절하는 것입니다.

생각도 마찬가지입니다. 과잉사고나 잡생각을 조절하는 데 있어서 가장 중요한 것은 이와 같은 생각 패턴에 대한 문제의식을 가지고 본인 스스로 조절하는 것입니다. 그런데 사람들은 잘못된 생각 방식 자체가 신체적으로 비유하면 폭식만큼이나 정신적으로 해롭다는 생각을 잘하지 못합니다. 또한 생각이란 결국 내 마음의 일부인데, 그걸 자신이 어떻게 조절할 수 있느냐고 되묻기도 합니다.

"엄마가 자꾸 음식을 맛있게 하니까 내가 살이 찌잖아!"

"너는 왜 자꾸 나랑 밥 먹으러 가자고 해? 그래서 내가 다이어트를 못 하잖아!"

"사람들은 왜 자꾸 맛있는 음식들 사진을 인스타그램에 올리는 거야? 유튜브 먹방은 더 문제야! 그들이 잘못이야!! 나는 문제없어!!"

그런데 위와 같이 폭식을 조절하지 못하는 이유를, 자신을 유혹하는 맛난 음식을 정성스럽게 만들어 주신 엄마 탓을 하거나, 식욕을 자극하는 다른 사람들의 SNS가 문제라고 생각하는 것이 정당할까요? 음식 조절을 못해서 건강을 해치지 못할 정도로 비만이 오거나 건강을 해치는 것은 본인 문제입니다. 내 신체와 섭식 행동에 대해서 스스로가 주인이 되지 못한 것입니다.

마찬가지로 생각을 조절하지 못하는 이유를 타인 탓을 하면서 왜 나를 힘들게 하고 복잡하게 생각하게 만드냐고 하는 것도 뭔가 이상합니다. 내 마음과 생각을 스스로 통제하고 조절하지 못함에 따른 것입니다. 다시 말해 내 마음과 생각의 내용과 과정을 스스로 조절하고 통제할 수 있는 건강한 방법들을 학습해 적용하고자 하는 의지와 실행이 필요할 뿐입니다.

Chapter 14

가지 많은 나무에는
바람 잘 날이 없다

가지가 많으면 바람에 휘둘릴 수밖에 없다

　우리의 행복을 가로막는 주요 방해요인 중 하나는 대인관계입니다. 대인관계는 행복의 주요 원천이기도 하지만 여러 가지로 심리적 피로감과 스트레스를 주는 요소이기도 합니다. 그래서 대인관계는 많으면 많은 대로, 적으면 적은 대로 행복함의 원천이 되기도 하지만 행복함을 감소시키는 원인으로 작용하기도 합니다.

　가지가 많은 나무는 바람이 불면 시끄럽기 마련입니다. 수

많은 가지들이 바람의 영향을 받을 수밖에 없으며, 바람에 휩쓸려 이리저리 흔들리기 마련입니다. 별로 드세지 않은 바람이라고 하더라도 가지가 많다 보면 크건 작건 바람의 영향을 받을 수밖에 없습니다. 대인관계도 마찬가지입니다.

사람들과 더불어 사는 것은 어쩔 수 없는 인간의 숙명입니다. 그리고 사람의 성격이나 선호에 따라서 대인관계의 양과 질은 매우 다양할 수밖에 없습니다. 만약 가지 많은 나무처럼 다양한 사람들과 다양한 관계를 맺고 있다면 필연적으로 대인관계에서 스트레스나 어려움도 많이 겪을 수밖에 없습니다. 그런데 가지가 적다고 해서 딱히 바람의 영향을 받지 않는 것도 아닙니다. 다만 얼핏 보기에 그 정도와 수준이 다를 뿐입니다.

튼튼한 나무와 연약한 갈대는
바람의 영향이 다르다

바람은 어느 곳에나, 그리고 언제나 존재합니다. 사람의 의지나 의도와는 상관없는 자연 현상일 뿐입니다. 그렇게 바람은 세상의 모든 미물들에 영향을 미칩니다. 어떤 날은 더운 여름날 땀을 식혀주는 시원한 바람으로 느껴지기도 하지만 어떤 날은 무서운 기세로 세상의 모든 것을 삼켜버릴 정도로 격렬하고 세차게 불어대기도 합니다.

사람들과의 관계도 마찬가지입니다. 인간 모두는 각자의 성격과 선호를 가지고 있는 하나의 우주와 같은 존재들입니다. 사람은 나름대로의 특징과 상황적 조건 하에서 다른 사람들과 교류하고 상호작용합니다. 그중에서 나와 잘 맞고 굳이 말로 다 표현하지 않아도 서로를 이해하고 받아줄 수 있을 정도의 '찐 친구'나 동료를 만날 수도 있는 반면 어떤 사람은 만나기로 예정되어 있는 것만으로도 스트레스와 긴장감을 줄 정도로 안 맞는 사람들도 있기 마련입니다.

어찌 보면 사람들의 대인관계라는 것도 바람과 나무의 관계처럼 잘 맞기도 하고 서로 별일이 없었는데도 왠지 싫은 느낌이 들 정도로 안 맞을 수도 있는 자연스러운 현상 중 하나입니다. 관계의 질과 상호작용을 결정하는 것은 결국 물 흐르는 듯한 자연스러운 현상임에도 불구하고, 우리는 그

역동 속에서 상대방의 행동을 때로는 잘못된 의도와 목적으로 해석하고 자연스러운 수준 이상으로 과도한 의미를 부여합니다. 만약 잘못된 해석과 과도한 의미부여를 한다면 대인관계는 즐거움과 만족의 원천이 아니라 고통과 스트레스의 원인이 되기도 합니다.

외향형과 내향형

당신은 외향형 성격입니까, 내향형 성격입니까? 대인관계와 관련된 고민이나 스트레스를 경험하는 분들께 가장 먼저 확인하는 것은 외향형 성격인지, 아니면 내향형 성격인지 여부입니다. 물론 외향형과 내향형 성격 차원이 다른 심리적 활동에도 영향을 미치기는 하지만 가장 큰 영향을 미치는 영역이 바로 대인관계입니다. 그래서 외향형 성격인지, 내향형 성격인지에 대해서 먼저 확인하게 됩니다.

외향형 성격과 내향형 성격은 대인관계의 하드웨어와 같은 것입니다. 즉, 대인관계의 전반적 양과 형식을 결정하는 요소입니다. 외향형 성격들은 대체로 다양한 사람들과 폭넓은 관계를 맺는 경향을 보이며, 관계를 맺는 경우 적극적인 상호작용을 추구합니다. 반면 내향형 성격들은 새로운 관계를 맺거나 관계를 확장하는 데 대한 관심이 상대적으로 적으며, 소수의 사람들과 진지하고 깊이 있는 교류를 하고자 합니다.

또한 외형형 성격과 내향형 성격은 관계에서의 활동 내용과 속성에서도 차이가 납니다. 외향형 사람들은 대체로 활발하고 유쾌한 분위기를 선호하며, 적극적인 표현과 상호작용을 통해 관계를 촉진하고 발전시킵니다. 내향형 사람들은 대체로 조용하고 차분한 분위기를 선호하며, 표현 자체도 소극적이며 활동도 제한적일 뿐 아니라 관계 확대보다는 유지에 더 공을 들이는 편입니다.

만약 함께 교류하는 사람들의 기본적인 하드웨어에 대한 이해가 부족하다면 서로 간에 불필요한 오해와 갈등이 발생하기 쉽습니다. 그래서 외향형 성격과 내향형 성격은 서로에 대한 이해와 존중이 없으면 서로의 에너지 수준 차이나 선호하는 활동이 다름으로 인해 갈등이 발생할 수밖에 없습니다!

의존적인 사람과 독립적인 사람

당신은 의존적인 사람입니까, 독립적인 사람입니까? 의존성과 독립성은 모두 인간의 본능에 해당합니다. 다만 성격이나 성향에 따라 상대적인 비중이 다릅니다. 의존성과 독립성 차원은 대인관계의 목적과 방향성을 결정하는 핵심적 요소입니다.

의존적인 사람은 관계와 사람 자체를 중시하는 경향을 보이며, 관계 속에서 발생하는 감정적 교류와 상호작용의 질과 내용에 많은 영향을 받습니다. 따라서 기본적인 지향성은 사람을 향해 있으며, 사람에게 미치는 영향 또는 사람으로부터 받는 영향에 민감하게 반응합니다. 이로 인해 마치 가지 많은 나무와 같이 대인관계에서 다사다난(多事多難)함을 경험하며, 관계에 많은 심리적 에너지가 들어갑니다.

반면 독립적인 사람은 관계와 사람 자체에 대한 관심은 상대적으로 적으며, 관계를 맺게 되는 상황적 목적이나 관계 속에서 이루어지는 과업이나 활동 자체에 대한 관심과 몰입이 강합니다. 따라서 기본적인 지향성은 사람을 향해 있지 않고 관계의 목적(예를 들어, 업무 또는 단순한 친교)과 목적을 달성하기 위한 활동(예를 들어, 업무적 활동 또는 사교 모임)에 집중되어 있습니다. 이로 인해 사람 자체에 대한 집중이나 중요성은 상대적으로 적습니다. 더욱 냉정하게 말하면 대체 가능한 요소 중 하나라고 생각하는 경향이 높습니다. 그 결과 대인관계에 투자하는 에너지 중 사람 자체에 투자하는 비중은 적습니다. 대인관계에서 갈등이나 문제가 있더라도 스트레스를 주는 사람 자체에 초점을 맞추는 것이 아니며 대치 가능하기 때문에 스트레스를 덜 받는 대신 관계에서 오는 즐거움과 만족도 적으며 관계의 깊이도 얕습니다.

그래서 의존적인 사람과 독립적인 사람은 관계 또는 사람 자체를 얼마나 중시하고 몰입하는지에 대한 차이가 발생합니다. 이로 인해 의존적인 성향의 사람이 "자기는 내가 안 중요해? 왜 이렇게 소홀하게 대해?"와 같이 상대방에게 서운함을 느끼거나, 독립적 성향의 사람이 "너는 왜 이렇게 관계에 집착하는 거야? 좀 더 쿨해질 수는 없는 거니?"라고 말하며 상대방이 관계에 과하게 집착한다고 느낄 수 있습니다!

타인에 대한 신뢰와 불신

　대인관계에서의 심리적 만족 또는 어려움과 고통을 결정하는 마지막 요소이자 관계의 질을 결정하는 데 있어서 가장 핵심적 요소는 사람에 대한 '신뢰와 불신'입니다. 신뢰와 불신 모두 인간이라면 반드시 가지게 되는 필수적인 심리적 구성체입니다. 다만 어린 시절의 기억이나 성장 과정, 그리고 사회적 경험 등으로 인해 신뢰와 불신의 상대적인 비중이 달라집니다. 신뢰와 불신은 한 사람의 인간관과 세계관에 지대한 영향을 미치는 요소로서, 세상을 살아가는 태도를 결정합니다.

　신뢰는 타인 또는 세상에 대해 긍정적으로 생각하는 경향을 말합니다. 그래서 타인들이 긍정적인 의도와 태도를 가지고 있을 것이라 예상하며, 삶을 살아가는 과정에서 열심히 노력하면 긍정적인 결과가 생길 것이라고 생각하는 낙천적인 태도와 관점을 가지게 됩니다. 쉽게 말해 성선설(性善說)의 관점을 바탕으로 삶을 살아갑니다. 그로 인해 다른 사람에게 속기도 잘 속고 실제로 피해를 입는 경우도 많습니다. 그 결과 사람들에게 이용당하는 일을 겪기 쉬우며, 이로 인한 마음의 상처나 고통을 받게 됩니다.

반면 불신은 타인 또는 세상에 대해 믿지 않고 의심하는 태도를 말합니다. 그래서 타인들은 부정적인 의도와 목적을 가지고 있을 것이라고 예상하며, 삶을 살아가는 과정에서 피해 받거나 속지 않도록 조심해야 한다고 생각하는 염세적 태도와 관점을 가지게 됩니다. 쉽게 말해 성악설(性惡說)의 관점을 바탕으로 삶을 살아갑니다. 그로 인해 다른 사람에게 속거나 피해를 입는 일이 적을 수는 있으나 항상 긴장감 속에서 살아가게 됩니다. 그 결과 정말 마음 편히 믿고 의지할 사람이 없다고 생각해 스스로 외롭고 고독한 삶을 만들어 갈 수도 있습니다.

이와 같은 방식으로 신뢰와 불신은 사람들과 세상에 대한 태도와 관점에 영향을 미치며, 궁극적으로 전반적인 삶의 질을 결정합니다. 사람과 세상에 대한 신뢰를 바탕으로 해서 차라리 속을지언정 긍정적인 관점으로 세상을 바라보는 것과 사람과 세상에 대한 불신을 바탕으로 해 항상 긴장 속에서 살아가는 것과의 차이를 만들어 냅니다.

타인과 다름을 받아들여라

그렇다면 어떤 삶이 더 좋은 것일까요? 외향형 성격이 좋은 것일까요, 내향형 성격이 좋은 것일까요? 의존적인 사람이 행복할까요, 독립적인 사람이 행복할까요? 과연 성선설과 성악설 중 어떤 것이 더 인간에 대한 진실을 반영하는 것일까요?

당연히 이에 대한 확실하고 분명하고 정해진 정답은 없을 것입니다. 하지만 상대적인 정답은 있습니다. 진정한 정답은 바로 당신과 당신의 소중한 사람은 어떤 성격과 성향인지에 따라 달라집니다. 또한 어떤 성격이나 성향인지에 따라 자동적으로 정답이 나오는 것도 아니며, 서로 간의 이해에 기반해 어떤 관계를 만들어 가는지에 따라 정답이 달라질 뿐입니다. 다만, 우리는 그와 관련된 좀 더 정교한 맞춤형 솔루션과 실행이 필요할 뿐입니다!

최근 MBTI 대유행에 따라 각 유형별로 맞고 안 맞고에 대한 각자의 주장과 논리가 난무하고 있습니다. 그런데 정확히 말하면 서로 맞는 유형이 있거나 안 맞는 유형이 있는 것은 아닙니다. 그보다 더 중요한 것은 상대방의 다름을 인정하고 존중하고자 하는 태도와 실제 관계 속에서 이를 실천하고자 하는 노력입니다. 상대방을 소중히 여겨 기꺼이 상대방의 의견과 나의 의견을 표현하고 공유해 서로의 다름을 이해하고, 서로의 다름에 기초한 조율과 타협을 하고자 하는 태도와 노력이 필요할 뿐입니다.

만약 상대방이 소중하고 애정하는 사람이라면 기꺼이 나를 변화시키고 상대방에게 맞추고자 노력할 것입니다. 만약 상대방도 나를 소중하게 여기며 애정하는 마음이 있다고 하면 이와 같은 나의 노력에 감사하고 자신도 맞추고자 노력할 것입니다. 이와 같은 상호 간의 다름에 대한 인정과 이를 조율하고자 하는 소통과 실행이 있으면 됩니다.

손절과 정리로 행복하라

만약 상대방이 그와 같은 존중과 타협의 태도나 자세가 부족하다면 어떻게 해야 할까요? 상대방이 나에 대해서 존중할 마음도 없는 것으로 보이며 노력 자체도 부족하다면 앞으로의 관계는 어떻게 될까요? 아마도 지속적인 스트레스를 줄 것이며, 나의 행복감은 점차로 감소할 것입니다. 또한 나의 입장에서도 그리 존중하고 나를 변화시켜 맞출 정도의 마음이 안 생긴다면 어떻게 하는 것이 좋을까요? 그것은 결국 본인의 선택입니다. 불편하지만 관계를 지속함으로써 얻는 이익과 관계를 정리함으로써 생기게 되는 스트레스 감소와 심리적인 여유 간의 비중을 따져 보면 됩니다.

좀 더 구체적으로는 나에게 '명백한 심리적 고통과 어려움을 주는 사람'은 손절과 정리를 하는 것이 좋습니다. 왜냐하면 이들은 나의 행복을 빼앗아 갈 뿐 아니라 심리적 에너지를 소모하고 심리적인 상처와 손상을 주는 사람들이기 때문입니다. 내 마음이 너무 힘든데도 불구하고 이런 관계를 손절하지 못하고 수동적으로 끌려 다니는 것은 스스로를 학대하는 것과 다름없습니다. 이와 같은 관계는 반드시 손절을 고려해야 합니다.

단, 이 안에서도 여러 가지 등급이 있습니다. 무조건 손절을 해야만 하는 최악의 관계는 '명백한 심리적 고통만 주는 사람'으로서, 이는 다시 생각해 볼 필요도 없이 즉각적으로 손절해야 합니다. 하지만 어떤 사람은 명백한 심리적 고통을 주기도 하지만, 명백한 심리적 기쁨과 즐거움을 주기도 하는 입체적인 관계가 있습니다. 이런 경우에는 절대적인 고통의 수준(상대방이 주는 고통의 크기가 기쁨에 비해 매우 큰 경우)과 고통과 기쁨 간의 상대적 비중에 의거해 손절을 고려해야 합니다.

마지막 등급은 손절하면 문제가 발생하는 관계입니다. 전형적인 예는 업무적으로 관계를 맺는 상사나 고객으로서 이들을 대놓고 손절하거나 정리할 수는 없습니다. 이런 경우에 사용할 수 있는 방법은 '나의 손절을 그들에게 알리지 마라'입니다. 손절의 목적은 나를 힘들게 하는 사람들과의 물리적·심리적 거리를 유지해 주관적인 불편감과 스트레스를 줄이는 것이지, 대놓고 적을 만들거나 갈등을 초래할 필요는 없습니다. 오히려 어설프게 빌미를 주어서 손절했음에도 불구하고 계속해서 악연이나 불편한 관계가 이어지게 할 필요가 없다는 것입니다.

저절로 오는 행복은 없다

어느덧 나만의 행복 찾기 여정의 막바지입니다. 에필로그를 읽기 전에 다음의 질문에 대해서 생각해 보시기 바랍니다.

• 당신은 지금 행복합니까?

• 이 책을 처음 집어 들었을 때 혹은 Pre-Test를 할 때와 비교하면 얼마나 행복해졌습니까?

우리의 삶은 양면적이다

여러분의 하루는 행복하고 즐거운 일과 더불어 스트레스 받고 힘든 일도 있을 것입니다. 우리의 삶이란 이처럼 좋은 일과 힘든 일, 좋은 사람과 힘든 사람, 기쁨과 슬픔, 즐거움과 분노 등이 다 섞여 있는 한 편의 서사와 같습니다. 또한 내가 원하는 만족이나 즐거움을 얻기 위해서는 그에 상응하는 인내와 노력이 필요할 수도 있습니다. 마음이야 항상 좋은 사람과 좋은 일만 있기를 기대하지만 이는 비현실적인 기대이며 반드시 좌절될 수밖에 없습니다.

나만의 행복을 만들기 위해서는 이와 같이 당연하고 자연스러운 삶의 속성을 인정하고 수용하는 것부터 시작해야 합니다. 비현실적이고 실현 불가능한 절대 행복을 찾아 방황하거나 현실의 불만족이나 문제점에만 몰두해 스스로의 마음을 다치게 하거나 더욱더 힘들고 지치게 하지 말아야 합니다. 균형적이고 건강한 삶에 대한 관점을 기반으로 해 긍정적인 일들에 행복하고, 힘들고 고통스러운 일들을 해결하며 살아가는 것이 우리의 삶이자 나 스스로의 행복을 조절하기 위해서 필수적인 활동들입니다.

이 안에는 최대한 좋은 환경을 찾아가거나 만드는 것뿐 아니라 환경적 요소들을 건강하고 균형 있는 관점으로 받아들이는 것도 포함합니다. 이와 같은 노력과 실행들이 모여서 나만의 행복이 만들어지는 것입니다.

이 책을 읽는 동안 당신에게는 행복에 도움되는 어떤 일들이 있었으며, 행복을 가로막는 스트레스는 무엇이었습니까? 혹은 평상시에는 행복이라고 생각하지 못한 것들이 행복 요소였음을 깨닫게 되거나 그동안 인지하지 못하고 있던 스트레스 요소들은 발견한 적이 있습니까? 이런 노력들이 모이고 모여 여러분의 행복을 만들어 가게 됩니다.

나만의 행복 레시피를 만들어라

유명 맛집이나 전통 맛집은 나름대로의 레시피가 있습니다. 여러 번의 시행착오를 거쳐서 최적의 조합과 비율, 그리고 조리 방법을 발견했다면 이를 정리해서 비법 레시피를 만드는 것이 필요합니다. 그 집만의 비법 레시피를 정리함으로써, 맛집의 전통은 유지될 수 있으며 수십 년이 지나도 그 맛은 유지될 수 있습니다. 아마도 그 레시피는 사람들의 입맛 변화에 따라 조금씩 변경될 수 있으며, 이와 같은 업그레이드를 통해 더욱더 발전되고 완벽한 레시피가 될 수 있을 것입니다.

행복의 문제에서도 마찬가지의 접근이 필요합니다. 시중에 떠돌고 있는 수천 회 또는 수만 회의 조회수를 기록한 보편적이고 일반적이며 대중적인 행복 추구 방법이 아니라 당신의, 당신만의, 당신에게 최적화된 행복 레시피가 필요합니다. 당신의 성격이나 특성, 그리고 처해 있는 상황이나 여건들을 고려한 행복 레시피를 개발할 필요가 있습니다. 그 안에는 나 자신의 감정을 관리하는 방법과 대인관계에서의 즐거움과 만족을 극대화하는 친구의 목록과 관계 패턴들이 포함되어 있어야 합니다. 그리고 일과 관련해서도 보다 행복하고 즐거울 수 있는 나만의 비법들이 포함되어 있는 것이 필요하며, 미래의 일까지도 함께 반영할 수 있다면 더욱 더 완벽한 레시피가 될 것입니다.

어느 날 문득 즐거움이나 텐션 업이 필요하다는 생각이 드는 날, 나를 위로하고 힐링하고 싶어질 때, 소위 행복이 고파지는 날 그 내용을 펼쳐 나만의 행복을 높일 수 있는 나만의, 나를 위한 레시피를 만들어 활용하시기 바랍니다.

나만의 위기 대응 매뉴얼을 준비하라

국가적인 재난이나 위기가 발생하면 나오는 대책이 있습니다. 바로 '위기 대응 매뉴얼'입니다. 갑작스럽게 문제가 발생했을 때, 당황하거나 우왕좌왕해 문제가 더 커지지 않고 보유하고 있는 자원을 최대한 효과적으로 활용해 문제를 해결하고 피해를 최소화하기 위해 꼭 필요합니다. "아주 가끔 발생하는 재난이나 문제를 위해 그 돈과 노력을 들여 매뉴 얼을 군이 만들어야 하는가"라고 말하는 사람은 없습니다. 위기 대응 매뉴얼을 사용할 일이 없으면 좋겠지만, 위기는 말그대로 언제 생길지 모르는 것이기 때문에 반드시 필요합 니다.

행복의 문제에서도 마찬가지의 접근이 필요합니다. 항상 즐거운 일만 있고 행복이 가득하면 좋겠으나 우리의 삶이란 양면성이 있어서 내 마음대로만 되지는 않습니다. 대인관계 나 업무에서 예상치 못한 문제가 발생할 수 있으며, 이로 인 해 내 마음과 행복에도 위기나 문제가 발생할 수 있습니다. 마음이 힘들고 지칠 때를 대비한 마음의 위기 대응 매뉴얼 을 준비할 필요가 있습니다. 그 안에는 나 자신의 감정을 치 유하는 방법과 대인관계 갈등이나 문제를 대처하고 해결하 는 방법 등이 포함되어 있어야 할 것입니다.

마음의 위기 대응 매뉴얼 역시 나의 성격과 특성, 그리고 상황과 조건을 고려한 맞춤형 구성이 이루어져야 합니다. 특히 위기 상황에 도움을 줄 수 있는 주변 사람들의 리스트 까지 반영되어 있다면 더욱더 완벽한 매뉴얼이 될 것입니다. '오늘 나는 행복한가?'라는 습관적인 질문을 하던 중, 마음의 위기 신호가 발견된다면 이를 신속하게 탐지해 최대한 빠르게 대처하고 해결할 수 있는 방법들을 적용해 마음의 손상과 피해를 최소화해야 할 것입니다.

내 행복의 주인이 되어라

고급 대화법 중에 '소크라테스식 대화법'이라는 것이 있습니다. 서로 대화를 하는 과정에서 스스로 답을 찾을 수 있도록 정교하고 체계화된 질문들을 던져주는 것입니다. 이를 통해서 본인이 찾고 싶은 답은 물론이고 답을 찾아가는 방법까지 학습할 수 있는 훌륭하지만 아주 어려운 대화법입니다. 상담이나 심리치료에서는 이와 같은 '소크라테스식 대화법'을 사용해야만 합니다.

물론 상담 선생님이나 치료자가 "그럴 때는 이렇게 해결하시면 됩니다!"라고 해답을 줄 수도 있습니다. 하지만 그것이 본인 스스로 만들어내고 발견한 것이 아니라면 열심히 적용하고 실천하지도 않으며, 궁극적인 상담이나 치료 효과도 떨어집니다. 스스로 깨닫고 만들어낸 답일 경우에 가장 효과적인 방법이 될 수 있으며, 동기와 열정을 가지고 실천할 수 있습니다.

"아… 선생님! 너무 좋네요! 행복 레시피? 마음의 위기 대응 매뉴얼? 정말 좋은데요?! 제 것도 하나 만들어 주세요!"라는 말은 성립하지 않습니다. 누군가가 대신 행복 레시피를 만들어 준다고 해도 결국 행복하지 못하다고 느끼거나 스트레스가 심해지고 번아웃이 왔을 때, 다시금 자신을 돌아보고 그 안에서 새로운 해답을 찾는 것이 아니라 "선생님이 잘못 알려주셨잖아요! 효과가 없잖아요!"라고 하면서 남 탓을 하게 됩니다.

나 자신의 행복은 내가 만들어 가는 것입니다. 행복 레시피와 위기 대응 매뉴얼도 결국은 본인 스스로 만들 때 가장 효과가 있으며 가장 잘 만들 수 있습니다. 단, 나만의 레시피와 매뉴얼을 만들기 위한 노력과 과정이 반드시 필요합니다. 그 정도 투자와 노력도 기울이지 않았다면 행복은 쉽사리 오지 않습니다.

내 행복의 가치는 얼마인가

"100만 원으로 당신이 행복할 수 있다면, 그 돈을 투자하겠습니까?"

대중 강의를 할 때 가끔 청중들에게 도전적인 질문을 던집니다. 사람들은 주저함 없이 "당연히 투자하지요!"라고 대답합니다. 이어서 "200만 원으로 당신 부부가 행복하고 좋은 부부가 될 수 있다면, 그 돈을 투자하겠습니까?"라고 묻습니다. 이 또한 주저함 없이 "당연히 투자하지요!"라고 대답합니다. 마지막으로 "300만 원으로 당신 가족이 행복할 수 있다면, 그 돈을 투자하겠습니까?"라고 묻습니다. 그럼 사람들은 "우리 가족이 행복할 수 있다면 300만 원이 문제입니까? 당연히 투자해야죠!"라고 답합니다. 그런데 막상 "그럼 그 돈으로 심리검사를 하고 상담을 받으세요!"라고 하면 "에이… 왜 그렇게 비싸요?"라고 되물으며 고개를 절레절레 흔듭니다.

심리학 전공자는 아니지만 탁월한 전문가나 다름없는 모 결혼정보회사 대표님의 유튜브 채널에 '당신이 얼마짜리 사람인지 알려드립니다!'라는 제목의 쇼츠 영상이 올라왔습니다. 개인마다 생각이 다를 수 있으나, 결혼을 위한 만남이라는 전제 하에 그분의 계산법에 의거하면 남자의 다정함의 가치는 20억이며, 여자의 밝고 긍정적인 성격의 가치는 20억입니다. 물론 진짜 20억의 가치가 있는가에 대해서는 논란이 있을 수 있습니다. 그러나 평생을 같이 함께할 사람이라면 다정다감함과 밝고 긍정적인 성격이 그만큼 중요하다는 의미일 것입니다. 그런데 그것을 돈으로 환산해 보니 그 중요성과 가치가 금방 느껴졌습니다. 차갑고 냉정한 사람 또는 매사에 부정적이고 침울한 분위기의 사람과 결혼해서 평생을 함께 산다고 해봅시다. 그로 인해서 놓치는 심리적 내상과 고통을 돈으로 환산한다면 얼마일까요?

마찬가지로 당신 행복의 가치에는 얼마의 값을 부여하겠습니까? 만약 불행하고 마음의 고통이 극심한 상태와 비교한다면, 당신의 행복을 값어치를 얼마로 매기시겠습니까? 천만 원? 1억 원? 10억 원?

당신과 당신의 배우자, 연인이 서로 사랑하고 애정하며 서로의 행복을 지지하고 마음의 치유와 힐링을 해주는 좋은 동반자라면, 당신과 배우자 또는 연인의 애정과 그에 따른 행복에는 얼마의 값을 매기겠습니까? 천만 원? 1억 원? 10억 원?

게다가 당신과 당신의 배우자나 연인이 행복해서 직장에서 더욱더 열심히 일하거나 즐겁게 생활할 수 있는 것의 가치는 얼마입니까? 적어도 혼자 행복할 때의 두세 배의 가치가 있지 않을까요?

분명한 것은 1억을 들인다고 행복이 오지는 않습니다. 10억을 가지고 있다고 반드시 행복한 것도 아닙니다. 하지만 돈으로 매길 수 없을 정도의 가치가 있는 것은 분명합니다! 단, 나는 거기에 얼마의 값어치를 부여하고 있는지는 생각해 볼 필요가 있습니다. 만약 진심으로 행복을 원하고, 진지하게 노력할 각오가 되어 있다면, 굳이 돈을 들이지 않고도 더욱더 행복해질 수 있습니다.

이 책을 끝까지 읽었다고 해서 저절로 행복해지는 것은 아닙니다. 당장 오늘부터, 지금부터 '그래… 나는 나는 오늘 행복한가? 100점 만점에 몇 점이지?'라고 스스로 질문해야 합니다. '오늘은 왜 이렇게 행복점수가 높지?'라고 생각하면서 나의 행복 요소를 발견해 자주 사용하려고 하거나 '오늘은 왜 이렇게 마음이 힘들지?'라고 생각하면서 나의 스트레스 요소를 발견해 적극적으로 해결하려고 하는 노력과 실행이 필요합니다. 당장 오늘부터 이런 사소해 보이는 시도와 연습을 시작하는 것이 중요할 뿐입니다.

더 큰 행복을 위한 노력을 지금 당장 시작하세요! 그 노력과 실행들이 모여 어느 순간 당신의 행복한 미소를 만들어 줄 것입니다.

오늘부터 나만
행복하기로 했다

초판 1쇄 발행 2024년 8월 12일

지은이 노주선
펴낸곳 ㈜에스제이더블유인터내셔널
펴낸이 양홍걸 이시원

홈페이지 siwonbooks.com
블로그·인스타·페이스북 siwonbooks
주소 서울시 영등포구 영신로 166 시원스쿨
구입 문의 02)2014-8151
고객센터 02)6409-0878

ISBN 979-11-6150-871-9 03190

시원북스는 ㈜에스제이더블유인터내셔널의 단행본 브랜드입니다.

독자 여러분의 투고를 기다립니다.
책에 관한 아이디어나 투고를 보내주세요.
siwonbooks@siwonschool.com